LA HISTORIA NO CONTADA DEL CAPITALISMO

LA HISTORIA NO CONTADA DEL CAPITALISMO: LA ACUMULACIÓN ORIGINARIA Y LA REVOLUCIÓN ANTI-ESCLAVISTA

POR ENRIQUE S. RIVERA

INTERNATIONAL PUBLISHERS, Nueva York

Compuesto por Amnet Systems, Chennai, India

ISBN 10: 0-7178-0889-0 ISBN-13 978-07178-0889-2
Typeset by Amnet Systems, Chennai, India

Índice

Introducción

> "Quizás no sorprenda del todo que el término 'capitalismo', tan empleado en años recientes en el habla popular, así como en la literatura histórica, recibiera usos tan dispares, sin un criterio aceptado en cuanto a su empleo."
>
> —Maurice Dobb, *Studies in the Development of Capitalism* (1947)

Lo que fue cierto hace 74 años para el venerable economista Maurice Dobb, lo es también hoy. Pese a un resurgimiento de las conversaciones respecto al capitalismo en las películas de Hollywood, en la prensa, en Internet y en el mundo académico, el término sigue siendo ambiguo y su definición indeterminada. Este libro aborda este dilema, tanto de forma directa como indirecta, proporcionando un relato histórico del capitalismo, o más apropiadamente, de la acumulación originaria—sistema que precedió al capitalismo y lo hizo posible. Algo más indirectamente, este libro utiliza una rebelión anticolonial en Venezuela, en 1795—dirigida por personas esclavizadas y personas legalmente libres de ascendencia africana e indígena—para contar esta historia del capitalismo.

Esta es una microhistoria. Toma un evento a pequeña escala para explicar fenómenos históricos mucho más grandes. La idea es que, si se profundiza en una historia local, se pueden proporcionar detalles que las historias más tradicionales se ven obligadas a omitir. A menudo, la microhistoria tropieza inadvertidamente con hallazgos que reforman nuestra manera de entender el pasado y, en consecuencia, nuestro presente.

Eso es justo lo que intenta este libro. Revela la historia no contada y oculta del capitalismo al detallar las minucias de un movimiento revolucionario importante, aunque poco estudiado. Esta insurgencia hizo erupción durante aquel período de agitación política conocido como La Era de la Revolución[1]. Época que cobró fama gracias a la Declaración de Independencia en EE.UU. (1776) y el asalto a la Bastilla (1789).

Y luego tuvo lugar la década de 1790—una de las épocas más turbulentas en la historia de las Américas[2]. Una revolución anti-esclavista se apoderó del hemisferio durante esta década, mientras se descubría conspiración tras conspiración y una a una, las plantaciones fueron consumidas por las llamas. La primera cerilla fue encendida el 21 de agosto de 1791, cuando las personas esclavizadas de la colonia francesa de Saint-Domingue se levantaron en lo que sería conocido como la Revolución Haitiana—la única revuelta exitosa de esclavos en la historia de la humanidad.

Pero Haití no estaba solo. Los negros esclavizados y los legalmente libres también tomaron las armas para derrocar la esclavitud en lugares como Brasil, Cuba, Jamaica, Luisiana y Puerto Rico. La mayoría de los movimientos fracasaron y fueron brutalmente reprimidos, pero aun así no existe duda de que aceleraron la caída de esta abominable institución.[3]

Uno de los esfuerzos abolicionistas más espectaculares tuvo lugar en Santa Ana de Coro, en la colonia española de la Capitanía General de Venezuela. En la noche del 10 de mayo de 1795, cientos de personas esclavizadas y personas legalmente libres de ascendencia africana e indígena se rebelaron para derrocar el dominio colonial,

---

1 El término "Era de la Revolución" fue acuñado por el gran y ya fallecido Eric Hobsbawm: Eric J. Hobsbawm, *Age of Revolution, Europe, 1789-1848* (N.Y: Praeger Publishers, 1962).

2 Esta frase fue probablemente influenciada por los siguientes: David Barry Gaspar and David Patrick Geggus, eds., *A Turbulent Time: The French Revolution in the Greater Caribbean* (Bloomington: Indiana University Press, 1997).

3 Para un enfoque más reciente de esta perspectiva, ver: Tom Zoellner, *Island on Fire: The Revolt That Ended Slavery in the British Empire* (Cambridge, Mass.: Harvard University Press, 2020).

Una estatua de José Leonardo Chirino afuera del Aeropuerto José Leonardo Chirino en Coro, Venezuela/Creative Commons
Creative Commons

eliminar la esclavitud y los impuestos, y establecer una república independiente. Después de tres días de lucha—que culminaron en un sangriento conflicto entre unos 450 rebeldes y la mitad de ese número de realistas—los revolucionarios fueron finalmente derrotados. Docenas murieron en el campo de batalla y muchos más fueron ejecutados brutalmente durante los días subsiguientes.

No obstante, los rebeldes cambiaron para siempre la historia de Venezuela. Coro fue el último bastión de los realistas durante la sangrienta guerra de independencia del país (1810-1823), algo que puede ser rastreado hasta la contrarrevolución de 1795.[4] Los insurrectos también inspiraron movimientos anti-imperialistas en Venezuela—desde la conspiración de Gual y España de 1797 hasta

4 John Lynch, *Simón Bolívar: A Life* (New Haven and London: Yale University Press, 2006).

la Revolución Bolivariana de nuestros días.[5] Este libro elabora una crónica de la rebelión de Coro y, en el proceso, revela nuevos entendimientos sobre la historia del capitalismo, como también las nociones radicales de libertad e igualdad que terminaron la esclavitud, erosionaron el monarquismo y cambiaron el curso de la historia mundial.

La Insurrección de 1795

El levantamiento que sacudió a Venezuela hasta sus cimientos fue planeada con mucha anticipación, aunque haya detalles contradictorios sobre cómo fue organizada y quiénes estuvieron involucrados. Sin embargo, está claro que el líder de la rebelión fue José Leonardo Chirino. Chirino era una persona legalmente libre clasificada como *zambo*—de ascendencia mixta, indígena y africana. Era obrero y asistente de un comerciante quien había viajado bastante por el circuito del Caribe. Aunque Chirino era legalmente libre, su familia no lo era. Su esposa, María de los Dolores Chirino, y sus tres hijos estaban esclavizados.

Pero algunos estaban convencidos que los días de la esclavitud estaban contados. De hecho, años antes del levantamiento, comenzó a circular un rumor que decía que la institución ya había sido abolida. Según las autoridades blancas, un negro legalmente libre, conocido como Cocofio, había estado deambulando por la sierra—donde estaban concentradas las plantaciones de azúcar de la región—alegando que la Corona española había puesto fin a la esclavitud. Agregó que los funcionarios corruptos y nefastos de Coro estaban ignorando el edicto.[6] Pero la

---

5 Juan R. Lugo and Fulvia M. Polanco, *Reflexiones sobre el* zambo *José Leonardo y tradiciones de la Sierra* (Coro, Edo. Falcón, Venezuela: Editorial Buchivacoa, 1998); Krisna Ruette-Orihuela and Cristina Soriano, "Remembering the Slave Rebellion of Coro: Historical Memory and Politics in Venezuela," *Ethnohistory* 63:2 (2016): 327-350.

6 "Expediente," ff. 84. Rumores sobre la emancipación eran comunes en las rebeliones y conspiraciones anti-esclavistas durante la década de 1790.

Un cartel para el Día Nacional de la Afrovenezolanidad, celebrado anualmente el 10 de mayo para conmemorar el levantamiento de 1795 en Coro.
Cortesía del Ministerio del Poder Popular para la Comunicación y la Información, Gobierno Bolivariano de Venezuela.

esclavitud no había sido eliminada. La especulación era infundada. Cocofio murió dos o tres años antes de la insurrección. No se sabe mucho más sobre esta misteriosa figura y es posible que ni siquiera haya existido.

Sin embargo, los rumores continuaron difundiéndose tras la muerte de Cocofio. Las autoridades afirmaron que Josef Caridad González, de origen africano y legalmente libre, revivió las especulaciones. Como muchos de los negros en Coro, González era oriundo de la Costa Loango. También era el líder de la vasta y numerosa comunidad, legalmente libre, de loangos en Coro. La versión de González del bulo de Cocofio agregaba que la Corona también

Ver: David Patrick Geggus, "Slave Resistance in the Spanish Caribbean in the Mid-1790s," en Gaspar and Geggus (1997).

había abolido la alcabala.[7] La alcabala era un impuesto sobre la venta, compra y transporte de mercancías. La mayoría de los pobres de Coro la detestaba, aun así, su exacción se disparó en los años previos a la rebelión.

Bajo coerción y ofreciendo detalles contradictorios, Chirino testificó que la camarilla revolucionaria había comenzado a conspirar el mes anterior, en la casa de un amigo llamado Juan Bernardo Chiquito. Chirino y Chiquito luego atestiguaron que ellos, junto a González y un esclavo llamado Joaquín, eran los únicos que sabían de antemano sobre la rebelión.[8] Pero en otro punto, Chirino también afirmó que González era inocente.[9] Desafortunadamente, solo existen pequeños fragmentos del testimonio de Chirino. El documento se perdió hace muchos años y solo se pueden extraer fragmentos de las declaraciones juradas de los declarantes que hacen referencia al mismo.

Aunque los hechos relacionados con la planificación de la insurrección están dispersos y poco claros, los detalles sobre la rebelión misma sí están bien documentados.[10] En la noche del domingo 10 de mayo de 1795, Chirino y otros cuatro lanzaron el levantamiento en la plantación de azúcar llamada El Socorro.

Los insurgentes mataron a un huésped del dueño de la propiedad, un blanco llamado Don Josef de Martínez. Después de matar a Martínez, los rebeldes robaron su ropa y otros objetos de valor, distribuyéndolos entre ellos. Luego dirigieron su atención al hijo del dueño de El Socorro, Don Yldefonso de Tellería. Los rebeldes lo atacaron y lo dieron por muerto, pero el joven Tellería sobrevivió el asalto.

Luego, más rebeldes se unieron a la banda del quinteto inicial y comenzaron a atacar las plantaciones vecinas. Cada ataque siguió un patrón similar: las viviendas de los

---

7 "Expediente," ff. 90-1.

8 "Sublevación," ff. 3-9.

9 Ibid., ff. 144-51.

10 Esta narrativa está basada en gran medida en el testimonio de Mariano Ramírez Valderraín: "Expediente," ff. 1-15.

amos fueron saqueadas y los dueños de esclavos fueron golpeados, artículos valiosos como textiles y ropa elegante fueron robados y distribuidos entre los insurgentes y finalmente los campos de azúcar fueron incendiados. Desde El Socorro, los insurrectos se trasladaron primero a la plantación Barón propiedad de Doña Nicolasa Acosta—lugar donde vivía y trabajaba Joaquín, uno de los conspiradores iniciales. Mientras estuvieron en Barón, los insurrectos mataron a Don Josef María Manzanos—amante de Acosta—e intentaron matarla a ella. Partieron dándola por muerta, pero ella sobrevivió a sus heridas.

Una vez robada esta propiedad, los insurgentes la incendiaron, haciendo lo mismo con las casas de Don Miguel de Urbina y Don Josef de Arcaya. Arcaya logró escapar y el hijo de Urbina, Manuel, quien había sido dejado a cargo de la plantación de su padre, huyó a la ciudad de Coro. Poco después, el joven Urbina sería la primera persona en informar a los funcionarios de Coro que se estaba produciendo un levantamiento.

A la mañana siguiente, el 11 de mayo, un guardia rebelde interceptó a uno de los líderes de Coro que se dirigía a la Sierra. Don Joséf de Tellería era el dueño de la plantación El Socorro, empleador de Chirino y propietario legal de la familia de Chirino. Los insurrectos mataron a Tellería y a su cuñado. También secuestraron a su esposa, Doña María Josefa Rocillo, y a sus tres hijos. Los insurgentes escoltaron a sus prisioneros hasta una plantación conocida como Macanillas, que servía de cuartel general para los rebeldes.

Al relatar aquel día meses después, Rocillo brindó uno de los relatos más íntimos de la insurgencia. Rocillo aseguró que reprendió a Chirino, preguntándole "como havian sido tan ingratos, y traidores que siendo Tellería padre de todos ellos havian salido a mattarlo los mismos de su casa, a quienes tanto amava y socorria!"[11] Chirino respondió que Tellería le había dicho "que ningun

11 "Expediente," ff. 261-62.

zambo lo havia de gobernar."[12] Rocillo respondió que "si su intentto era dominar a quien le dijo esas palabras como podia conseguirlo despues de su muertte?"[13]

La siguiente declaración de Chirino encapsuló las motivaciones de los rebeldes. El dirigente dijo: "Tellería no havia impedido que el contador de Coro cobrase con tanto exceso, y rrigor las alcavalas."[14] Rocillo respondió que su esposo trató de abordar el tema por medios legales. Chirino luego respondió con furia, "que no era nada de eso, que los blancos estaban compuestos con el contador para no pagar ellos, y que cargase todo el peso de las contribuciones sobre los brasos de los pobres, y que ahora o se componia, o se arruinava Coro."[15]

Mientras Chirino y Rosillo intercambiaban palabras, Manuel de Urbina llegó a Coro para advertir que "los negros traian ánimo de asaltar a la ciudad, saquearla y matar a todos los blancos."[16] Con esta noticia, el Justicia Mayor, Mariano Ramírez Valderraín, alguacil de Coro, envió un mensaje a los pueblos indígenas más cercanos—aquellos de los caquetíos de Carrizal y Guaybacoa. Pidió a los realistas que se dieran prisa. Coro estaba en graves apuros y necesitaban proteger la ciudad.

El sheriff luego reunió a todas las personas que pudo, y con ellas sus armas. También ordenó a una fuerza de 16 hombres reunirse en la alcabala de Caujarao. Caujarao estaba estratégicamente ubicado a medio camino entre la ciudad y la sierra y era conveniente para cobrar impuestos a los comerciantes por el transporte de mercancía entre ambas regiones.

Esa misma noche, la conspiración se deshizo justo cuando estaba en camino a dar fruto. González y otros 21 loangos tocaron a la puerta de Ramírez Valderraín. Los hombres afirmaron que querían ayudar a defender

---

12 Ibid.
13 Ibid.
14 Ibid.
15 "Expediente," ff. 261-2.
16 Ibid., ff. 228-9.

La sierra comienza a escalar en Caujarao, y se extiende a través del asentamiento loango de La Chapa, a través del cuartel rebelde en la plantación de Macanillas, y por delante del pueblo indígena de San Luis.

la ciudad. Tenían pocas armas entre ellos, por lo que le pidieron al alguacil que les entregara más. Esto provocó sospechas en Ramírez Valderraín, por lo que encerró a los hombres.

Las intuiciones del alguacil parecieron confirmarse más tarde esa noche cuando dos espías rebeldes fueron capturados en Caujarao. Según los funcionarios, los hombres fueron enviados desde la sierra para informar a González que la revolución estaba en marcha y que pronto avanzarían sobre la ciudad. Cuando la noticia de la captura llegó a Ramírez Valderraín, éste duplicó sus fuerzas en el puesto de alcabala. Pero cuando llegó el segundo destacamento, alrededor de la 1 a.m. del 12 de mayo, se toparon con una escena sangrienta.

Los rebeldes habían tendido una emboscada en Caujarao y habían derrotado al primer contingente del sheriff. Mataron a dos hombres e hirieron a otros dos, uno de los cuales moriría más tarde a causa de sus heridas. Los insurgentes luego liberaron a sus dos espías y pusieron sus miras en un oficial de impuestos, el aduanista Luis Bárcenas. Los rebeldes derribaron sus puertas y destrozaron las ventanas de su casa. También se burlaron de Bárcenas para que saliera "a cobrar las alcabalas, a recivir en prenda los rosarios y demas muebles que acostumbrava quitar."[17]

Cuando Ramírez Valderraín recibió la noticia sobre la emboscada, reunió a todos los blancos y pardos que pudo, junto con algunos caquetíos de Carrizal, Guaybacoa y Santa Ana. El sheriff también agarró dos cañones, los cuales resultarían decisivos. Estas tropas se mantuvieron desplegadas hasta las seis de la mañana.

En ese momento, más de 400 hombres aparecieron en el horizonte. Los rebeldes manifestaron su deseo de platicar ondeando dos banderas—una blanca y otra negra. Luego expresaron sus demandas: que "se les concediesela livertad a los esclavos y la exepcion de derechos de alcavala y demas impuestos a los libres, y que nada se ofreceria entregandoles asi la ciudad."[18] El alguacil respondió disparándoles un cañón relleno de metralla.

El ejército de Coro derrotó rotundamente a los rebeldes ese día. Aunque eran solo 213 hombres, iban armados con cañones, pistolas, arcos y flechas. Los insurgentes solamente tenían machetes, lanzas y unas cuantas armas de fuego. Más tarde, el alguacil se jactó de haber matado a dos hombres con sus propias manos y agregó: "se hizo una carniceria formidable yendo en alcanze de ellos, hasta mas de dos leguas de distancia."[19] Continuó, "los que aparecieron en el llano fueron veinte y cinco: las señales de sangre de los que corrian, avisaban ser

---

17 "Expediente," ff. 228.
18 Ibid., ff. 22"
19 Ibid.

muchos los heridos, y asi estan los campos sembrados de cuerpos."[20]

Durante esta batalla, las fuerzas de Coro capturaron a 24 rebeldes que fueron torturados antes de ser ejecutados. Ramírez Valderraín afirmó que todos ellos implicaron a Chirino y a González como los autores intelectuales de la insurrección. Dijeron que el plan era que el contingente de Chirino tomase el control de la sierra mientras González y los loangos tomaban la ciudad.

Estas confesiones condujeron a una ola de violencia anti-negro que comenzó con el asesinato de González y de dos loangos anónimos. Habiendo aprehendido a los loangos en su casa el día anterior, el alguacil ordenó que los presos fueran trasladados a la cárcel de la ciudad. Los funcionarios de Coro luego afirmaron que González y otros dos hombres intentaron escapar durante este traslado y que los guardias respondieron apuñalándolos hasta matarlos.

A la mañana siguiente, miércoles 13 de mayo, Ramírez Valderraín y sus tropas comenzaron a realizar rondas para aprehender a quien quiera que fuese considerado sospechoso. Al día siguiente, Ramírez envió dos expediciones a la sierra, cada una con 200 hombres, con la intención de anunciar una amnistía general. Pero esta misión tenía también como objetivo secreto capturar a los líderes rebeldes. Durante estas campañas, los funcionarios asesinaron a tres sospechosos y capturaron a nueve más. Ramírez Valderraín los hizo colgar al día siguiente, un 15 de mayo. El 18 de mayo, fusiló a 35 presuntos líderes. Cinco días después, mató a 21 personas más.

Chirino huyó en algún momento durante o después de la rebelión. Fue descubierto tres meses después en Baraguá, a 128 km (80 millas) al sur de Coro. Un hombre llamado Juan Manuel Agüero capturó a Chirino, quien estaba armado con flechas y una espada.[21] Por lograr capturar a Chirino, Agüero recibió la recompensa de

---

20 Ibid.
21 Ibid., ff. 10-11.

100 pesos ofrecida por la cabeza de Chirino. El líder revolucionario pasó el año siguiente en la cárcel, donde fue interrogado repetidamente en condiciones torturantes.

El 16 de diciembre de 1796, Chirino fue ejecutado públicamente en un espeluznante espectáculo en la Plaza Mayor de Caracas. Lo ahorcaron y luego mutilaron su cuerpo: su cabeza y manos fueron cortadas y transportadas a Coro. Luego se exhibieron sus restos en varios lugares de la sierra.[22] Como era el caso en la mayoría de las insurrecciones anti-esclavistas, los negros de Coro llevaron la peor parte del sufrimiento. Los rebeldes mataron a nueve personas—siete blancos y dos indígenas. Pero el baño de sangre de Ramírez Valderraín le costó la vida al menos a 125 personas de ascendencia africana y afroindígena.

La Economía Política de Coro

En el siglo XVIII, Coro era un lugar extraordinario, pero sencillo. Excepcional por su topografía poco usual, donde puede uno adentrarse en dunas tan extensas como para creerse en el Sahara, pero apenas caminando un kilómetro se encuentra uno bañándose en el Mar Caribe. Por otra parte, Coro era también convencional. Como la mayoría de las áreas del extenso Imperio Español, la ciudad era periférica, escasamente poblada y económicamente deprimida.

A lo largo de su historia posterior a la conquista, Coro ha tenido celos de Caracas, su hermana mayor, que aparenta haberla intimidado para que le entregase sus más distinguidos honores. Coro fue el primer asentamiento europeo de Venezuela. Juan de Ampíes estableció la ciudad en 1527 después de negociaciones con los caquetíos, el grupo de habla arahuaca que constituía el ordenamiento social indígena dominante. También fue la capital de Venezuela durante 50 años, hasta que Caracas tomó

22 Ibid., .ff 1-4.

Los médanos de Coro.
Foto tomado por el autor.

su título en 1578.[23] Hoy, Coro es solo una sombra de lo que antes fue. Su población de 200.000 habitantes luce insignificante en comparación con las mega-metrópolis de Venezuela que cuentan con millones de residentes.

El papel de Coro en el sistema mundial era la producción de bienes agrícolas para mercados extranjeros y el consumo de bienes traídos por los europeos.[24] Los habitantes de la región compraban cosas como textiles, pelucas, vinos y cubiertos del Continente; también importaron miles de africanos esclavizados. Los campesinos africanos e indígenas y los trabajadores de las plantaciones de Coro suministraban bienes agrícolas para uso local y para la exportación. En Coro, consumían el ganado,

---

23 Otilia Margarita Rosas González, "La población indígena en la Provincia de Venezuela" (Ph.D. diss.: Universidad de Salamanca, 2015), 93-6.

24 El término "Sistema Mundial" fue acuñado por Immanuel Wallerstein. Ver: Immanuel Wallerstein, *Capitalist Agriculture and the Origins of the European World-Economy in the Sixteenth Century* (New York: Academic Press, 1974).

los alimentos y el azúcar, pero también los enviaban a otras partes de Venezuela y a las colonias del Caribe.[25] El azúcar, el cacao, las pieles y la madera del Brasil eventualmente llegaron a Europa, donde sirvieron como base para una serie de actividades proto-industriales.[26]

Muchos de los productos exportados hacían su primera parada en Curazao, una pequeña isla que se encuentra a 95 km (60 millas) de las costas de Coro. Siendo colonia holandesa, la isla tenía una política de "libre comercio" que era radical para la época, la cual permitía a cualquier persona comerciar en el puerto de Willemstad—sin que importara su color, género, procedencia o religión profesada. Esto convirtió a Curazao en un lugar atractivo para comerciantes grandes y pequeños, permitiendo que la isla dominase el comercio con sus vecinos, incluido Coro.[27]

La dependiente economía de Coro giraba principalmente en torno a la ganadería.[28] La carne de vacuno se consumía localmente y en otras partes de la Capitanía General, mientras que las pieles se negociaban en Curazao antes de ser enviadas a Europa. La mayoría de los caballos y burros era utilizada localmente, pero las mulas se exportaban a lugares como Saint-Domingue, donde propulsaban los infames ingenios azucareros de la colonia francesa.[29] Los animales de granja eran criados de dos maneras. Unos, en las haciendas propiedad de las élites blancas, que eran trabajadas por individuos negros e indígenas, tanto esclavizados como legalmente

---

25 Ver capítulo cuatro para más detalles. También ver: Wim Klooster, "Curaçao as a Transit Center to the Spanish Main and the French West Indies," in *Dutch Atlantic Connections, 1680-1800: Linking Empires, Bridging Borders*, ed. Gert J. Oostindie and Jessica V. Roitman (Leiden and Boston: Brill, 2014), 25-51.

26 Wim Klooster, *Illicit Riches: Dutch Trade in the Caribbean, 1648-1795* (Leiden: KITLV Press, 1998), 96.

27 Para un buen estudio sobre Curazao durante este período, ver: Linda Rupert, *Creolization and Contraband: Curaçao in the Early Modern Atlantic World* (Athens, Ga.: University of Georgia Press, 2012).

28 Ver capítulo 2 para más detalles.

29 Klooster, "Curaçao as a Transit Center."

libres. Y otros, criados de forma independiente por campesinos negros e indígenas.

El azúcar fue la segunda industria más importante de Coro.[30] Se producía principalmente en la sierra, donde se inició la rebelión. Los amos blancos de esclavos eran dueños de las 48 plantaciones de azúcar que tenía la región y empleaban a negros esclavizados, así como a trabajadores negros e indígenas legalmente libres.[31] Los trabajadores "libres" vivían en los terrenos de las plantaciones y se les pagaba un salario. Una porción del azúcar se consumía localmente, mientras que otra se embarcaba a Curazao. Algo del edulcorante era utilizado en la isla vecina y otra parte era re-exportada a Ámsterdam. Los bloques de caña de azúcar cruda, mejor conocidos como panelas o papelones, funcionaban también como una especie de moneda y a menudo se les pagaba a los trabajadores legalmente libres con este producto.[32]

Coro exportaba otros productos a Europa, también. El cacao era el cultivo comercial más importante de toda Venezuela, pero tenía una menor importancia en Coro en tiempos de la insurrección.[33] La madera del Brasil también era otra mercancía importante; recogida en las montañas de Coro y vendida a comerciantes extranjeros, en su mayoría provenientes de Curazao.[34]

La mayoría de los trabajadores legalmente libres de plantaciones y haciendas dedicaban la mayor parte de sus días no a trabajar en las plantaciones, sino a cuidar su propia tierra. A lo largo del siglo XVIII, los campesinos plantaron

30 Ver Capítulos 2 y 4 para más detalles.

31 "Expediente sobre la insurrección de los negros, zambos y mulatos proyectada en el año 1795 a las inmediaciones de la ciudad de Coro, Provincia de Caracas," 1795, Caracas, 426, Archivo General de Indias, Sevilla (AGI), ff. 1-2.

32 Para un ejemplo, ver: "Tocuyo: El Protector General de Indios Don Antonio Briceño, sobre el pago de tributos," 1759, Indígenas Tomo XIII, Archivo General de la Nación, Caracas (AGN).

33 "Expediente," ff. 1-2. Coro solo contaba con 7 de las 95 plantaciones de cacao en Venezuela para el momento de la insurrección

34 Ver capítulo 2 para más detalles.

El Caribe.

y cosecharon cultivos como el arroz, el maíz, la mandioca y el plátano. También criaban toros, gallinas, vacas, burros, cabras y mulas. Productos como éstos se consumían en el hogar o se vendían en los mercados locales.

Parte de la razón por la que los campesinos negros e indígenas podían actuar con cierta independencia fue porque la jurisdicción de Coro era enorme y su población escasa. Esto impidió que los terratenientes y los administradores coloniales dominaran las rutinas de trabajo de las personas legalmente libres. Esta tendencia no era inusual en la Venezuela del siglo XVIII, pero, aun así, el caso de Coro era excepcional. Fue una de las 23 ciudades y pueblos principales que integraban la Capitanía General, pero tenía, con mucho, la jurisdicción territorial más grande. Los 26.549 habitantes de la región ocupaban más de 50.000 km cuadrados. Esto le dio la tercera población más grande de Venezuela, después de las de Caracas y La Victoria, pero una proporción de tierra por habitante superior a un kilómetros y medio (una milla) por individuo.[35]

Como fue el caso en toda Iberoamérica, la población de Coro estaba segmentada en categorías raciales y de clase, destinadas a marcar el estatus de una persona. No hace falta decir que la gran mayoría de los habitantes de la región descendían de nativos y de negros del oeste y centro-oeste africano. La mayoría de las personas estaban categorizadas en términos raciales como "personas de color libres " o pardos, quienes sumaban casi 12.000 o aproximadamente el 44% de la población.[36] El segundo grupo más grande eran los "indios libres", los caquetíos, quienes estaban exentos del pago de tributos por su lealtad a la Corona Española. Los caquetíos contaban con más de 7.000 habitantes, un 26% de los residentes. Mayormente vivían en los pueblos esparcidos a lo largo de la costa del Caribe y en la península de Paraguaná.[37]

La tercera clase más grande eran los blancos, que sumaban un total de 3.700 o casi el 14% de la población.[38] La mayoría eran criollos descendientes de españoles. Es probable que algunos de los clasificados como "blancos" también fueran en parte descendientes de indígenas y/o africanos. Muchos de los miembros de la milicia blanca

---

35 "Población de la Provincia de Venezuela, 1785-1787," 1787, Caracas 397, AGI. La Provincia de Venezuela (también conocida como Provincia de Caracas) fue una de las seis provincias que fueron unidas después del establecimiento de Venezuela como Capitanía General. Las otras cinco provincias fueron las de Barinas, Guayana, Maracaibo, Nueva Andalucía (también conocida como Cumaná) y Mérida.

36 "Sublevación de los negros de Coro, pieza 1," 1795, Criminales Letra C, AGN. En general, se entiende que los *pardos* de la Venezuela colonial eran personas de ascendencia mixta entre africana y europea. Es importante señalar, sin embargo, que el término *negro*, solamente se usaba para referirse a personas esclavizadas. Además, el término *mestizo* era poco utilizado en Coro. Posiblemente se deba a que muchos mestizos eran categorizados como blancos. Sin embargo, dado el gran número de nativos americanos en Coro, es probable que muchos pardos fueran también de ascendencia mixta entre indígena y africana. La categoría de uso frecuente *zambo* no se utilizaba en los censos de población, debido a esto los *zambos* eran incluidos en la categoría de *pardos*.

37 Ibid.

38 "Sublevación de los negros, pieza 1," ff. 1.

de la vecina provincia de Maracaibo, por ejemplo, fueron descritos como "trigueños" en 1787.[39] El cuarto grupo más grande lo formaban más de 3.200 afrodescendientes esclavizados, cerca del 12 % de la población. La mayoría de las personas esclavizadas trabajaban duro en las plantaciones, aunque unos cuantos trabajaban como sirvientes domésticos.

Finalmente, estaban los ajaguas y los ayamanes, indígenas que sumaban 768, o el 3% de los residentes.[40] Estos grupos no se consideraban como libres porque eran responsables de pagar tributos elevados a la Corona. La mayoría de estas comunidades se concentraban en la sierra de Coro y al oeste de ella. Las mayores congregaciones de ajaguas estaban en San Luis, Pecaya y Pedregal. Al igual que los caquetíos, los ajaguas hablaban arawak, mientras que los ayamanes hablaban jirajara. Los pueblos indígenas de Coro se asentaron en la región de 10.000 a 12.000 años atrás.[41]

La mayoría de los rebeldes de Coro eran de ascendencia africana. Como sucedió en todas las Américas, los negros vivían en Coro debido a su esclavización o la de sus antepasados. Tenían sus orígenes alrededor de todo el continente africano, aunque la gran mayoría procedía de las regiones del oeste y centro-oeste. La Costa Dorada de Guinea (Ghana, hoy en día) y la Costa Loango del África centro-occidental (una costa que actualmente se extiende a través de partes de Angola, Gabón y la República del Congo) fueron los dos principales lugares de origen de los negros de Coro.[42]

---

39 "Revista de Inspección de la Tropa Veterana y de Milicias de Maracaibo," 1787, SGU 7198, 18, Archivo General de Simancas, Spain.

40 "Sublevación de los negros, pieza 1," ff. 1.

41 Jossy M. Mansur, *E indiannan Caquetío* (Aruba: Imprenta Nacional Arubano, 1981), 29; Willem F.H.

Adelaar, *The Languages of the Andes* (Cambridge: Cambridge University Press, 2004), 129.

42 La SSC mantuvo el asiento de la Corona española entre 1715-39 y comercializó a muchas de las personas esclavizadas en Coro. Poco más del 23% de las personas esclavizadas por la SSC tenían sus orígenes en la Costa de Oro, mientras que un 32,8% los tenía en la Costa de Loango. Sin embargo,

La economía política de Coro estaba orientada a servir los intereses de las élites blancas criollas y europeas. La región importaba manufacturas europeas—así como africanos esclavizados—y producía bienes agrícolas que eran transportados a colonias vecinas y a Europa. Muchos de los productos exportados se cosechaban en las haciendas y plantaciones de Coro. Pero a pesar del hecho de que miles de personas de ascendencia africana e indígena eran coaccionadas a trabajar en estas propiedades, la mayor parte de la población de Coro podía plantar, cosechar y comerciar con solo una limitada interferencia estatal. Esto cambiaría en la década de 1790 y Coro sería quemado hasta las cenizas.

Intervenciones

A la mayoría de la gente nos gusta pensar en determinismos. A menudo buscamos *la* causa de cualquier fenómeno, como si hubiese *una* cosa—una solución mágica—que pudiese explicar por qué algo está sucediendo. Pero históricamente, igual que hoy en día, sabemos que numerosos factores actúan en combinación para producir una acción o evento determinado.

Tomemos el ejemplo del expresidente de EE.UU. Donald Trump y algunos comentarios que éste hizo sobre Venezuela, país cuya historia se discute aquí. En una entrevista con *Axios*, Trump comentó a la cadena de noticias que él estaría dispuesto a platicar con el presidente venezolano Nicolás Maduro.[43] Esto constituyó un cambio

---

es probable que los holandeses hayan comercializado ilegalmente a la mayoría de las personas esclavizadas del Coro del siglo XVIII. Después del *asiento* inglés, el 33% de las personas esclavizadas compradas por los holandeses eran de la Costa de Oro, mientras que el 37% eran de la Costa de Loango, dando como resultado que un 70% de las personas esclavizadas adquiridas por los holandeses hayan tenido sus orígenes en una de estas dos regiones. Ver: Alex Borucki, "Trans-imperial History in the Making of the Slave Trade to Venezuela, 1526-1811." *Itinerario* 36:2 (2012): 29-54.

43 "Exclusive: Trump cold on Guaidó, would consider meeting Maduro," in *Axios*, publicado el 21 de junio de 2020. https://www.axios.com/trump-venezuela-guaido-maduro-ea665367-b088-4900-8d73-c8fb50d96845.html

radical en la política de EE.UU. de ataque a Venezuela desde todos los ángulos y su negativa a dialogar con un gobierno al que ya había marcado para un cambio de régimen. Tan pronto la declaración de Trump se hizo conocida, su oponente del 2020, Joe Biden, y los medios de comunicación de EE.UU. lo criticaron duramente por su disposición a negociar. Entonces sucedió algo curioso: Trump dio marcha atrás. Rápidamente anunció que solo hablaría con Maduro si éste renunciaba.

¿Por qué cambió Trump de opinión? Muchos analistas políticos sugirieron que todo tuvo que ver con Florida. Con las elecciones presidenciales del 2020 a la vuelta de la esquina, Trump sintió que necesitaba ganar el estado indeciso para vencer en las elecciones nacionales. Para hacer eso, según el relato, necesitaba mantener contentas a las comunidades de expatriados cubanos y venezolanos de extrema derecha de Miami. Que no lo hubiesen estado de haber ellos percibido a Trump "blando" con Venezuela.

La línea dura de Miami ciertamente tuvo algo que ver con eso, pero otras condiciones también jugaron un papel. Primero, lo obvio y quizás lo más importante: Venezuela posee las mayores reservas probadas de petróleo del planeta y es abundante en otros recursos naturales. La Revolución Bolivariana estableció un sistema político y económico alternativo que gozó de gran éxito durante varios años. Venezuela también ha denunciado las acciones imperiales de EE.UU. en todo el mundo, ha forjado alianzas con otros estados y entidades "rebeladas" y ha amenazado con sacar a Estados Unidos de los mercados venezolanos. Dado esto, el Pentágono, así como sus socios en las industrias del petróleo, las armas, y la tecnología, no habrían estado muy contentos con los comentarios de Trump.

Pero también había otras preocupaciones. ¿Con qué eficacia podría el Partido Demócrata utilizar la declaración de Trump para desprestigiarlo a él y a su campaña? Esto nos refiere al asunto de la base de apoyo de Trump y su tendencia a albergar sentimientos nacionalistas y anticomunistas de la era de la Guerra Fría. Y no olvidemos el racismo de esa base hacia la gente indígena y de ascendencia indígena, como la mayoría de los inmigrantes mexicanos y centroamericanos, lo cual ciertamente influye en la forma en que ven a Venezuela y su gobierno.

Entonces, como puede observarse, incluso los expertos sobre-simplificaron la situación y nunca explicaron por qué Trump se retractó de su declaración. No se trataba *solamente* de Florida. Además, la mayoría de los votantes cubanoamericanos ya no mantienen una línea tan dura. La mayor parte favorece la normalización de las relaciones con Cuba y apoya el fin del bloqueo de EE.UU. contra la isla.[44]

Todos los fenómenos sociales son el producto de múltiples condiciones objetivas y subjetivas que convergen para que los eventos sucedan. Este trabajo proporciona más evidencia sobre este truismo.[45] Varios factores se combinaron para conformar el Coro que ardió en llamas en 1795. Este libro explora algunos de ellos, al tiempo que proporciona dos afirmaciones originales que se interconectan.

El primer argumento tiene que ver con el capitalismo. Como vimos en el epígrafe inicial, el término crea confusión a lo largo del espectro político. Entonces, ¿Qué es el capitalismo? ¿Tiene que ver con los mercados? ¿Con el comercio? ¿Con lo que es privado o lo que es público? ¿Con el dinero? ¿Con inversiones? No, ciertamente no. El dinero, los mercados y las inversiones han existido en todo el mundo, durante milenios. Si estas características se consideran la base del capitalismo, entonces la Europa medieval, así como sus contemporáneos en Mesoamérica, los Andes, Ghana y Benín, también deberían ser considerados capitalistas. Ni hablar de la

---

44 "2018 FIU Cuba Poll: How Cuban Americans in Miami View U.S. Policies Towards Cuba," *Steven J. Green School of International and Public Affairs*. https://cri.fiu.edu/research/cuba-poll/2018-fiu-cuba-poll.pdf, Visitado en línea el 4 de septiembre de 2020.

45 El trabajo de Louis Althusser ha sido clave para esta conceptualización. Ver: Louis Althusser, *For Marx* (London and New York: Verso, 2005).

antigua Grecia, Roma y Egipto. Si todo es capitalismo, entonces nada es capitalismo.

Pero el capitalismo es un sistema político y económico real que se formó en un momento y lugar específicos. El capitalismo tiene una historia. Pero esto invita a la pregunta, ¿Cuál es esa historia? ¿Cuándo comenzó?

Primero revisemos lo que es. El capitalismo es un sistema económico basado en un modo de producción distintivo. Su método presupone que los trabajadores están divorciados de los medios de subsistencia y de los medios de producción. En otras palabras, el capitalismo se basa en el hecho de que los trabajadores no pueden alimentarse o vestirse sin esforzarse por un salario. Estos salarios los utilizan para cubrir sus necesidades. Bajo el capitalismo, los trabajadores también carecen de propiedad sobre la tierra, herramientas y/o máquinas con las que trabajan. Esto les impide trabajar por cuenta propia. Y dado que los trabajadores no pueden trabajar, ni alimentarse, vestirse u obtener vivienda por sí mismos, son completamente dependientes de una clase capitalista para sobrevivir. Lo único que pueden hacer para sustentarse es vender su trabajo, es decir, trabajar por un salario. Con estos salarios, son capaces de comprar su subsistencia. Eso es el capitalismo.[46] Y es el sistema político y económico más dinámico jamás conocido. Pero también podría ser el más destructivo.

Entonces, ¿cuándo surgió el capitalismo? Bueno, ésta es una de las principales intervenciones de este libro. Karl Marx fechó los albores del capitalismo en el siglo XVI.[47] Los historiadores, marxistas o no, han sido influenciados por esta periodización.

Pero mi investigación pone en tela de juicio este cronograma. Aquí es donde las consecuencias no intencionadas de la microhistoria producen otra joya. Mientras

---

46 Ver, en especial el Capítulo 6 del Capital de Marx, vol. 1, "Compra y Venta de la Fuerza de Trabajo" en Karl Marx, *Capital, Volume 1* (New York: Penguin Books, 1990), 270-80.

47 Marx, 876.

investigaba las operaciones básicas de las industrias europeas que dieron forma a Coro y la insurrección de 1795, descubrí que éstas no eran capitalistas. Más específicamente, al proporcionar detalles sobre las industrias textiles en la Inglaterra, Bélgica y Francia de la época, descubrí que se basaban en el trabajo de campesinos que controlaban sus medios de producción y subsistencia. Lo cual está muy alejado de la industria capitalista. Por añadidura, mi investigación sobre las sociedades mercantiles que le dieron forma a Coro, evidenció todas las señales de una economía feudal más que capitalista.

Por lo tanto, sostengo que fue la acumulación originaria lo que dio origen a la economía de plantaciones de Coro y al movimiento revolucionario que pretendía destruirla.[48] La noción de Marx de una acumulación

48 Es importante señalar que estas conclusiones son preliminares. Se necesita más investigación sobre el desarrollo del capitalismo en Gran Bretaña, pero hay razones para dudar de la sabiduría convencional. Joseph Inikori, por ejemplo, ha demostrado que no fue hasta 1801-03 que en Inglaterra los familias de trabajadores asalariados en la agricultura (340.000) comenzaron a superar el número de familias de campesinos (320.000) [Joseph Inikori, *Africans and the Industrial Revolution in England: A Study in International Trade and Economic Development* (New York: Cambridge University Press, 2002, 45)]. El trabajo fundamental de Robert Brenner sobre el tema, define la agricultura moderna temprana en Gran Bretaña como capitalista, sin embargo, enfatiza que los trabajadores agrícolas tenían en ese entonces acceso a los medios de producción. Brenner se aparta de la concepción del capitalismo de Marx al restar importancia a los medios de producción, argumentando a favor del papel más significativo que juega la dependencia del mercado en el desarrollo histórico del capitalismo. Con el debido respeto al profesor Brenner, soy fiel a la concepción del capitalismo de Marx y hago hincapié en la importancia de *la dependencia de un trabajador sobre un empleador capitalista* para el funcionamiento de este modo de producción. Usurpar los medios de producción impide que los trabajadores trabajen por su cuenta, dicten su ritmo de trabajo, y controlen el producto que producen. Sin controlar los medios de producción, los señores y los amos carecen de uno de los dos requisitos previos necesarios para que los trabajadores dependan de ellos para sobrevivir. Por lo tanto, sostengo que la dependencia del mercado por sí sola no es suficiente para producir capitalismo, y se han visto dependencias similares en épocas anteriores y en diferentes regiones del mundo. Aunque a menudo se parece al capitalismo, yo diría que el período moderno temprano debería entenderse mejor como el período de acumulación originaria: la transición del feudalismo al capitalismo; el proceso que hizo posible el capitalismo, pero no constituye en sí mismo el capitalismo.

previa—que hizo posible el capitalismo—fue tomada del análisis de Adam Smith de la misma. Según la concepción de Marx, el cercado de la tierra campesina en los albores de la Inglaterra moderna, así como la conquista de América, la trata de esclavos en el Atlántico y la esclavitud africana en el hemisferio occidental, en conjunto, proporcionaron las condiciones que hicieron posible el capitalismo.[49] Este es el proceso que creó lugares como Coro y que originó la revolución antiesclavista.

El segundo argumento importante de este libro tiene que ver con la ideología rebelde. Yo sostengo que las economías campesinas de Coro y del África Occidental y Centro-Occidental inspiraron las ideas revolucionarias de los insurgentes. Los historiadores tienden a atribuirle a las creencias igualitarias emanadas del Atlántico europeo—tales como: "todos los hombres son creados iguales" —la inspiración por la ola de insurrección

---

Los últimos años han visto una explosión de literatura sobre *racial capitalism*, un término popularizado por Cedric Robinson y su gran obra *Black Marxism*. Influenciada por el análisis de Robinson, esta literatura ha arrojado luz sobre el papel fundamental que las ideas sobre la raza han tenido en los regímenes de trabajo capitalistas, así como expuesto los fundamentos materiales del privilegio blanco, lo que Cheryl Harris ha llamado quizás más apropiadamente ``*whiteness as property*." Aunque estoy convencido de que existe una división racial / global del trabajo en el mundo moderno, no estoy convencido de que esto sea exclusivo del capitalismo, como sostienen algunos escritores, aunque no Robinson. Tampoco estoy convencido de que se reproduzca una división racial del trabajo dondequiera que existan relaciones capitalistas, como sugieren Robinson y otros. Sin embargo, creo que el término es útil, especialmente cuando se aplica a circunstancias específicas. Vea el trabajo de Peter Hudson y Martin Legassick y David Hemson como ejemplos.

Recientemente, John Clegg ha argumentado que la esclavitud en el sur de Estados Unidos fue una institución capitalista. Yo rebatiría su posición de que los propietarios de las plantaciones eran capitalistas porque dependían del mercado, diciendo que los señores feudales también dependían del mercado. Además, es evidente que a los trabajadores esclavizados no se les pagaba un salario, y esto es importante porque no se vieron obligados a comprar sus medios de subsistencia. Se los dio su amo legal o se les obligó a cultivarlos y fabricarlos ellos mismos. Es importante señalar que, como consecuencia, los trabajadores esclavizados no fueron consumidores dinámicos cuyas necesidades de subsistencia podrían aumentar rápidamente con el tiempo, como es de suma importancia en el capitalismo.

49 Ver parte 8 del *Capital* sobre "Primitive Accumulation," Marx, 873-938.

antiesclavista que se apoderó de las Américas durante la Era de la Revolución.[50] Indudablemente, la circulación, popularización y europeización de estas ideas fueron importantes. Pero al estudiar de cerca las palabras y las acciones de los rebeldes de Coro junto con las costumbres políticas y económicas de sus países de origen, descubrí que estas últimas eran cruciales para animar las nociones radicales de igualdad que propulsaban los rebeldes.

Este libro ofrece una microhistoria de la acumulación originaria. Cuenta la historia de cómo el Yin del imperialismo europeo, la conquista y la esclavitud se enfrentó al Yang de las sociedades comunitarias en África y las Américas. Ésta es la historia no contada del capitalismo.

---

50 David Patrick Geggus, *Slavery, War, and Revolution: The British Occupation of Saint Domingue, 1793-1798* (Oxford: Clarendon Press, 1982); David Patrick Geggus, *Haitian Revolutionary Studies* (Bloomington: Indiana University Press, 2002); Gaspar and Geggus (1997); David Patrick Geggus and Norman Fiering, *The World of the Haitian Revolution* (Bloomington: Indiana University Press, 2009); David Scott, *Conscripts of Modernity: The Tragedy of Colonial Enlightenment* (Durham: Duke University Press, 2004); Laurent Dubois, *Avengers of the New World: The Story of the Haitian Revolution* (Cambridge, Mass.: Belknap Press of Harvard University Press, 2004); Laurent Dubois, *A Colony of Citizens: Revolution and Slave Emancipation in the French Caribbean, 1787-1804* (Chapel Hill: University of North Carolina Press, 2004); Ada Ferrer, *Freedom's Mirror: Cuba and Haiti in the Age of Revolution* (New York: Cambridge University Press, 2014); Nick Nesbitt, *Universal Emancipation: The Haitian Revolution and the Radical Enlightenment* (Charlottesville: University of Virginia Press, 2008); Susan Buck-Morss, *Hegel, Haiti and Universal History* (Pittsburgh: University of Pittsburgh Press, 2009); Doris Garraway, ed., *Tree of Liberty: Cultural Legacies of the Haitian Revolution in the Atlantic World* (Charlottesville: University of Virginia Press, 2008); David P. Geggus and Norman Fiering, eds., *The World of the Haitian Revolution* (Bloomington: Indiana University Press, 2009); David Scott, *Conscripts of Modernity: The Tragedy of Colonial Enlightenment* (Durham: Duke University Press, 2004); Matt Childs, *The 1812 Aponte Rebellion in Cuba and the Struggle Against Atlantic Slavery* (Chapel Hill: University of North Carolina Press, 2006).

Capítulo 1

"Las alhajas"

Meses después de la insurrección, el jurista Don Juan Estevan de Valderrama llegó a Coro a las órdenes de la Corona española. Tenía la tarea de liderar una investigación sobre la rebelión—qué sucedió, por qué sucedió y qué había sucedido desde entonces. Lo que develó fue una conspiración que aterrorizó a una nación incipiente, un levantamiento que sacudió las jerarquías establecidas y una sociedad cuyos fundamentos de raza y clase estaban moldeados por los usos y abusos de las telas europeas.[51]

Valderrama, un castellano formado en derecho civil y canónico, había pasado las dos últimas décadas ocupando diversos cargos gubernamentales en la provincia de Maracaibo. Cuando ya Coro había ardido, el fracasado e irascible sacerdote había alcanzado la cúspide de una carrera señorial. En ese entonces se desempeñaba como Gobernador de Maracaibo y Teniente Gobernador de toda la Capitanía General. Valderrama solo respondía a un hombre en la floreciente colonia de España, y ese era Don Pedro de Carbonell, el propio Capitán General y Gobernador de Caracas.

Valderrama llegó la noche del 3 de octubre de 1795, después de que Carbonell requiriera su ayuda seis semanas antes. Afirmó que necesitaba a Valderrama en Coro,

51 "Expediente sobre la insurrección de los negros, zambos y mulatos proyectada en el año 1795 a las inmediaciones de la ciudad de Coro, Provincia de Caracas," 1795, Caracas, 426, AGI, ff. 193.

ya que las autoridades locales tenían "graves dificultades" para explicarle como se habían desarrollado los eventos durante la rebelión, así como el estado actual de la situación.[52] Según Carbonell, este deficiente historial de comunicación constituía un peligroso potencial de "confundir a los inocentes con los verdaderos criminales de este caso."[53] Por lo tanto, la investigación debía ser "realizada por un forastero de esa jurisdicción, de conocida integridad, experiencia, madurez y asesoramiento."[54] Valderrama, práctico y de buena crianza, era el hombre perfecto para el trabajo.

Carbonell desconfiaba de los funcionarios de Coro, particularmente, de su corrupto e igualmente cruel alguacil, Don Mariano Ramírez Valderraín. En esencia, Valderrama reemplazaría al deshonrado líder. Su misión era hacer lo que el alguacil debió haber hecho meses atrás: determinar quién estaba involucrado en la rebelión y quién no.

Una clave para identificar quién era realmente culpable o inocente era descubrir qué había sucedido con los textiles europeos y la ropa lujosa que había sido robada a los blancos ricos durante la insurrección. Al igual que en todo el Atlántico, el lino europeo tenía un gran valor material y simbólico en el Coro del siglo XVIII. Estas telas eran importadas para fabricar ropa, la cual servía para señalar el estatus elitesco de raza y clase. Desde el comienzo de la rebelión fueron robados ropa, artículos de vestir y otros objetos de valor de las plantaciones e incluso del cadáver de una de las víctimas de los rebeldes.

Decenas de testigos e insurgentes acusados fueron llamados a declarar ante Valderrama. A muchos se les preguntó sobre el paradero de los textiles, la ropa y otros objetos de valor que habían sido sustraídos durante el saqueo. Algunos declarantes habían estado encarcelados desde los primeros días del levantamiento en la

---

52 Ibid., 116.
53 Ibid.
54 Ibid.

infamemente descuidada y podrida prisión de Coro. Otros fueron llamados para ser interrogados y se presentaron "voluntariamente."

Una de las personas que llegó a la corte, supuestamente por voluntad propia, fue María de los Dolores Chirino, de 45 años, casada con José Leonardo Chirino, el presunto líder de la insurrección. María de los Dolores vivió una vida difícil. Nació esclavizada—propiedad legal del terrateniente, comerciante y burócrata de la Corona Joséf de Tellería. Aunque su esposo era legalmente libre, sus tres hijos, al igual que ella, nacieron esclavizados gracias a que la esclavitud se heredaba por medio de la madre en Venezuela, al igual que en todas las Américas.[55]

La evidencia sugiere que Chirino y su familia eran cercanos a los Tellería. José Leonardo era conocido como la mano derecha de Joséf de Tellería. Viajó con él a la cercana Curazao en varias ocasiones y también a Saint-Domingue. María de los Dolores, José Leonardo y sus hijos vivían juntos en las dependencias del amo en El Socorro. Esta era una de las tres plantaciones propiedad de Tellería y en la que se inició la rebelión de mayo.

El 23 de octubre de 1795, María de los Dolores Chirino le proporcionó a Valderrama información específica que solo ella podía brindar, detalles sumamente valiosos sobre lo ocurrido la primera noche de la rebelión. Testificó que la noche del 10 de mayo estaba sirviéndole la cena a Don Joséph Nicolás Martínez, un invitado de la familia Tellería. Que una niña interrumpió su trabajo para informarle que afuera había gente peleando. Chirino afirmó haberle preguntado a la joven si su esposo estaba

55 La mayoría de los análisis históricos sobre el rol del cuerpo de la mujer durante la reproducción del trabajo esclavizado se han centrado en la América anglófona. Sin embargo, estas percepciones son fácilmente aplicables para el resto del continente. Ver: Hilary McD. Beckles, *Natural Rebels: A Social History of Enslaved Black Women in Barbados* (New Brunswick, N.J.: Rutgers University Press, 1989); Angela Y. Davis, *Women Race & Class* (New York: Vintage Books, 1983); Jennifer L. Morgan, *Laboring Women: Reproduction and Gender in New World Slavery* (Philadelphia: University of Pennsylvania Press, 2004); Jennifer L. Morgan, "Partus Sequitur Ventrem: Law, Race, and Reproduction in Colonial Slavery," *Small Axe* 22.1 (2018): 1-17.

involucrado, a lo que la niña le respondió que no sabía. Mientras Chirino continuaba atendiendo a Martínez, la niña interrumpió dos veces más. Fue durante la tercera interrupción que Chirino decidió investigar por sí misma.

Chirino testificó que afuera encontró a su esposo borracho. Afirmo haberlo regañado: "es possible estés de esa manera deviendo salir de madrugada a recivir a mi amo Don Joséph Tellería?"[56] Chirino regresó a la cocina y le sirvió a Martínez su comida. Ella le dijo que no se atrevía "a traerle el café por que estando Leonardo en la disposicion que se hallava se recelava salir por el."[57]

Posteriormente, Chirino describiría en detalle cómo fue testigo del asesinato de Martínez. Afirmó estar tan asustada por el comportamiento de su marido que se escondió en un dormitorio cerca de la cocina. De pronto, Chirino observó a su esposo de pie junto a la puerta, acompañado de otros seis hombres y sosteniendo una espada desenvainada. Comentó haber salido de la casa corriendo en busca de refugio, momento en que Martínez, herido de muerte, se le acercó y le aconsejo escapar a la otra plantación de Tellería, La Asunción. Según Chirino, Martínez afirmó no poder escapar con ella debido a que "ya estaba herido que no podia."[58] Lamentablemente, la siguiente declaración documentada de Chirino sellaría su trágico destino:

> los insurgentes acabaron de quitar la vida a Martínez como lo vió la que declara en el mismo parage en donde lo dejó, y entre ellos repartió sus bestidos Leonardo, pero no save si tambien las prendas o dinero que tendria, pues de esto no esta entendida que se hizo.[59]

Chirino regresó a casa después de esta declaración inicial, pero fue arrestada dos semanas después. Valderrama la acusó de mentir ante el tribunal y ordenó su

56 "Expediente," ff. 303.
57 Ibid.
58 Ibid.
59 Ibid.

arresto. Las sospechas del caballero se suscitaron el 7 de noviembre cuando don Juan Francisco Santaliz, un terrateniente blanco de la aldea indígena de Pedregal, en Coro, dio su testimonio. Santaliz atestiguó que después de la rebelión presionó a Chirino y a sus hijos para que revelaran dónde se escondía su esposo. Amenazó con azotarlos si no divulgaban su ubicación. Santaliz no reconoció si golpeó o no a Chirino o a sus hijos, pero reveló haberle confiscado a ella una gran cantidad de bienes robados, entre ellos textiles y ropa.[60]

Dos días después, Chirino fue arrestada y acusada de rebelde. Valderrama creía que la verdad respecto al grado de participación de ella, yacía en su omisión de detalles clave. ¿Por qué olvido mencionar que su esposo le había dado ropa de Martínez después de ser asesinado? ¿Por qué afirmó no tener idea que José Leonardo había distribuido sabanas u otras prendas de vestir, cuando ella misma tenía algunas bajo su poder pocos días después de la rebelión?[61]

Pero Chirino no fue la única persona que se metería en aprietos por dar testimonio sobre los textiles robados. Juan de Jesús de Lugo, un indígena del pueblo pagador de tributos de Pecaya, había sido encarcelado durante las secuelas de la insurrección, implicado por el propio José Leonardo. Lugo, de 31 años, había estado encarcelado cinco meses antes de declarar ante Valderrama. Al igual que María de los Dolores, Lugo negó haber estado involucrado en el levantamiento. Según él, era todo lo contrario. Lugo atestiguó que los rebeldes de Coro habían intentado matarlo *a él*, porque lo acusaban de luchar "en defensa de los blancos."[62]

Lugo sostuvo que su encuentro con la rebelión comenzó la mañana siguiente al estallido, cuando salía de casa para ir a trabajar. En el camino, Lugo se topó

---

60 "Expedientes, sublevación de esclavos en la sierra de Coro, 1795," 1795, Judiciales, A16-C54-D11183, Academia Nacional de Historia, Caracas, ff. 1-3.

61 Ibid., ff. 13-14.

62 Ibid., 186.

con Juan del Carmen Rivero, un hombre clasificado en términos de raza como pardo. Según Lugo, Rivero le dijo que se regresara a casa porque "los negros estan sublevados."[63] Lugo afirmó que tan pronto regresaba se cruzó con un grupo de rebeldes que lo atacaron.

Severamente vapuleado, Lugo logró escapar al entrar en la casa de una terrateniente de avanzada edad llamada Doña Concepción Suárez. Lugo atestiguó, seguidamente, que los rebeldes querían matar a Suárez y robar sus pertenencias. Él reaccionó ayudándola a procurarse una hamaca para llenarla de ropa y otros bienes que le pertenecían a ella. Con la intención de evitar que dichos objetos de valor fueran robados, él los escondió fuera de su propia casa.[64]

Lugo declaró haberse dirigido a la plantación Quitaragua para alertar a Doña Ana Vera, su anciana dueña. Y para ayudar a la dama a escapar y esconder su ropa, textiles y otras mercancías de los rebeldes. Pero cuando llegó, los insurgentes ya habían "saqueado la casa."[65] Vera sobrevivió ilesa y, según Lugo, le entregó un bolso para que recuperara las posesiones más valiosas de la dama en su otra casa, en San Luis.

Pero cuando Lugo llegó a San Luis, Cristóbal Acosta, un infame insurgente a quien las autoridades consideraban el "capitán" de José Leonardo, ya estaba distribuyendo la ropa de Vera a su contingente. Lugo afirmó, que apenas se percató que estas pertenencias eran las de Vera, las metió en el bolso que ella le había entregado.[66] A pesar de la pasión con la que Lugo se defendió, Valderrama sospechaba profundamente de su declaración, por lo que el juez llamó a varios testigos para corroborar los hechos. Y las cosas no terminarían bien para el acusado.

---

63 Ibid., 184.
64 Ibid.
65 Ibid.
66 Ibid., 187.

Las declaraciones juradas de Chirino y Lugo demuestran que la ropa y los artículos de vestir eran de gran importancia para los revolucionarios de Coro. Desde el momento en que se inició la insurrección, los rebeldes liderados por José Leonardo mataron a puñaladas a Martínez y procedieron a robarle la ropa, textiles y otros objetos de valor. Tal y como testificó María de los Dolores, su esposo, seguidamente, comenzó a distribuir los bienes entre los seis hombres que lo acompañaban. Sin embargo, como se aclararía más tarde, el líder rebelde también le entregó algunos a su esposa. Asimismo, la declaración de Lugo reveló cómo los insurgentes en San Luis, liderados por Acosta, el "capitán" de Chirino, robaron ropa mientras asaltaban las casas de los blancos oligárquicos. Al igual que Chirino, Acosta distribuyó estos objetos de valor entre los insurrectos que lo acompañaban.

Indignados por la polaridad racial y de clase del mundo en el que vivían, los revolucionarios de Coro vieron en los textiles una de las facetas en la que se manifestaba esta inequidad. Para los rebeldes, Martínez era una encarnación de sus opresores. Era un hombre blanco próspero que gozaba de los privilegios de su casta—la capacidad de vivir cómodamente, ser atendido por sirvientes, ladrar órdenes y azotar a cualquier persona esclavizada quc quisiera.

Siendo gente pobre de ascendencia africana e indígena, los insurgentes de Coro estaban atrapados en una vida donde solo trabajaban para hombres como Martínez. Cuando los insurrectos mataron a Martínez, sintieron que estaban asesinando el sistema de clases raciales de Coro. Cuando le robaron su ropa, estaban desarticulando la sociedad de Coro. Las prendas de Martínez, sus textiles y sus artículos de lujo eran tan significativos que se fusionaron con los cimientos de la economía de plantaciones de Coro, sistema que sustentaba estas desigualdades. Al robarle sus pertenencias, los rebeldes de Coro estaban trastocando la sociedad, haciendo lo que era de aquel, de ellos.

Al distribuir estos bienes entre ellos, los soñadores más románticos entre los revolucionarios de Coro estaban censurando aún más la estructura socioeconómica de la región. El acto de redistribución fue la declaración simbólica de su propio código moral, que era el opuesto al de sus opresores. Para los rebeldes más idealistas, la reasignación sirvió para legitimar este sistema de valores, el cual sería la base de su nueva sociedad.

Los documentos sobrevivientes sobre la insurrección también revelan una obsesión por los textiles y la ropa por parte de Valderrama y las autoridades coloniales. Para la clase dominante blanca, las telas europeas y las prendas lujosas eran el medio para alcanzar un fin—símbolos de estatus a ser acumulados y exhibidos, a esto dedicaban su vida. Asimismo, los opulentos trajes hechos de tela europea eran indicadores de blancura, una moneda rara y muy valorada en Coro.[67]

Cuando se descubrieron textiles europeos, ropas y otros objetos de valor en poder de María de los Dolores, Santaliz los confiscó con seguridad, sabiendo que estos magníficos artículos no podían pertenecer a un esclavo negro. En el momento en que Santaliz amenazó con azotar a Chirino si no revelaba dónde se escondía su esposo, estaba amenazando con castigarla por su disidencia. A los ojos de Santaliz, el hecho de que Chirino poseyera tejidos europeos era, en sí, un crimen. Era un acto de subversión que amenazaba con desdibujar la línea entre los poderosos y los que no lo eran. Cuando Valderrama arrestó a Chirino por mentir bajo juramento, era su posesión temporal de prendas de blancos lo que amenazaba el orden hegemónico, tanto como su mentira ante la corte.[68]

---

67 Para una discusión teórica sobre la blancura como forma de propiedad, ver: Cheryl I. Harris, "Whiteness As Property," *Harvard Law Review*, 106.8 (1993): 1707-1791.

68 Para el concepto de hegemonía, ver la definición de Gramsci en Quintin Hoare and Geoffrey Nowell Smit, ed., trans., *Selections from the Prison Notebooks of Antonio Gramsci* (New York: International Publishers, 1971), 12.

La centralidad de los textiles europeos apunta a la intrincada red de producción y consumo, la semiótica y la economía política que crearon el mundo Atlántico.[69] Este capítulo explora la realidad material que se interrelacionó con el lenguaje de la tela europea.[70] La ropa y las telas que los rebeldes de Coro robaron y escondieron, y las que las autoridades se obsesionaron con encontrar, fueron uno de los pilares de una economía política que conectaba a campesinos europeos con comerciantes y a estos con productores y consumidores de África y las Américas.

Este capítulo busca descubrir por qué los textiles y la ropa eran tan importantes. Comienza investigando dónde se hicieron, cómo fueron elaborados y cómo llegaron a Coro. Busca ilustrar que los tejidos europeos estaban imbuidos con un complejo de relaciones sociales que dieron forma al carácter de las razas, las clases y la revolución en el Atlántico del siglo XVIII.

Textiles y Ropa en el Coro del siglo XVIII

En 1774, un domingo por la mañana, María Francisca de la Peña y sus hijas, todas ellas clasificadas sexualmente y por la raza como mulatas, fueron a la iglesia de la ciudad de Coro.[71] Este fue un evento social digno de mención, ya que las tres mujeres se vistieron con

69 Para una crítica de la literatura sobre el Mundo Atlántico ver: Enrique Salvador Rivera, "Whitewashing the Dutch Atlantic." *Social and Economic Studies* 64:1 (2015): 117-132.

70 Perspectiva inspirada por muchas investigaciones, incluyendo las siguientes: Louis Althusser, *For Marx* (London and New York: Verso, 2005); Stuart Hall, "The Problem of Ideology—Marxism without Guarantees." Journal of Communication Inquiry, 10:2 (1986): 28-44; Stuart Hall, "Gramsci's Relevance for the Study of Race and Ethnicity." Journal of Communication Inquiry, 10:2 (1986), 5-27; V.N. Vološinov, *Marxism and the Philosophy of Language* (Cambridge, Mass., and London: Harvard University Press, 1973).

71 Neruska Rojas, "Las criollas y sus trapos: matices de la moda femenina caraqueña durante la segunda mitad del siglo XVIII," en *Se acata pero no se cumple: historia y sociedad en la Provincia de Caracas (siglo XVIII)* (Caracas: Academia Nacional de la Historia, 2014), ed. by Neller Ramón Ochoa Hernández and Jorge Flores González, 275.

alfombras, a saber, tejidos de seda y lana muy codiciados, que cubrían sus cabezas, se extendían sobre sus hombros y revestían sus torsos.[72] Pero debido a que fueron sorprendidas vistiendo estos artículos, De la Peña y sus hijas fueron arrestadas y en poco tiempo llevadas a juicio. Según las Leyes de Indias, las mujeres de ascendencia africana tenían prohibido el uso de joyas caras, mantas o cualquier otro artículo de lujo, a menos que estuviesen casadas con un español.[73]

Durante el juicio de De la Peña y sus hijas, un abogado de la Corona expresó su inquietud respecto al uso por parte de los negros de ropas europeas. Su principal preocupación era que desdibujaba las jerarquías de raza y clase. Pero también criticó lo que, en su opinión, era el deterioro del estilo continental:

> Las mulatas a competencia se abrogan en el dia la gracia de la alfombra, y como pareceria muy mal con una saya de lana un traje privativo en nuestras leyes a determinados papeles; sale la regatona con el gerolifico de punta, collar, manillas de oro, perlas, o piedras preciosas con los mas atavios de basquina de terciopelo, chapines de tela, etc.[74]

Las autoridades de Coro querían hacer de De la Peña y sus hijas un ejemplo. Aunque el resultado del juicio se desconocía, en ese determinado momento, el escándalo resultó en un intento para prohibir de manera más estricta el uso de prendas lujosas por parte de los negros. Los oficiales, pronto colocarían un aviso en la plaza central de Coro, indicando que la primera violación de esta ley resultaría en una multa de 25 pesos. Una segunda infracción conllevaría otra sanción de 25 pesos más seis

---

72 "Alfombra," en Real Academia Española, Diccionario de la lengua castellana, 1791.

73 Citado en Rojas, 250; Leyes de Indias, Tomo VII, Título Quinto. De los Mulatos, Negros, Berberiscos, é hijos de Indios, "Ley xxviii. Que las Negras, y Mulatas borras no traigan oro, seda, mantos, ni perlas."

74 Ibid., 276.

meses de servicio comunitario y cualquier otra penalidad que los funcionarios considerasen apropiada.[75]

El ropaje opulento estaba disponible en Coro debido al crecimiento de su economía de plantación y las cambiantes fortunas de los imperios europeos. La producción del cacao venezolano creció rápidamente a lo largo del siglo XVIII. A medida que la producción se expandía, también lo hacían el comercio y el poder adquisitivo de los dueños de propiedades, quienes dilapidaban gran parte de su riqueza en la ostentación.[76] Esta impudencia se vio reforzada por el creciente predominio del Imperio Francés y el traspaso de la Corona española de la dinastía Habsburgo a la de los Borbones. Durante este periodo, el estilo recargado de la clase alta francesa se convirtió en una moda en el Atlántico español al remplazar la ropa más espartana de las generaciones anteriores,.[77] El consumo de textiles franceses y europeos en Venezuela creció aún más después del establecimiento de la Real Compañía Guipuzcoana (RCG) en 1730. Esta corporación fue capaz de proporcionar una entrada constante de productos europeos durante los 55 años que estuvo presente.[78]

Los viajeros europeos quedaban deslumbrados por la ropa que vestían los pudientes en Venezuela. Algunos años después de la insurrección, el francés F. Depons señaló: "El encaje también forma parte del vestido español; de preferencia el de Flandes."[79] Depons agregó, "hay pocos blancos que no estén vestidos de casimir color ceniza o azul."[80] Otro visitante francés, Louis Alexandre Berthier, observó en 1783, "los hombres 'de primera clase' estaban 'vestidos como en España.'"[81] Berthier

75 Ibid.

76 Carlos F. Duarte, *Historia del traje durante la época colonial venezolana* (Caracas: Armitano, 1984), 58.

77 Ibid., 57.

78 Ibid.

79 F. Depons, *Travels in Parts of South America, during the years 1801, 1802, 1803 & 1804, vol.2* (London: Richard Phillips, 1806), 332.

80 Ibid., 333.

81 Ibid., 124.

expresó el entusiasmo que la belleza y la "suntuosidad" de las mujeres de la élite venezolana le suscitaron, cuya riqueza y apreciación por la moda les permitía usar hasta tres atuendos al día: uno para ir a la iglesia, otro para estar en casa y un tercero el de ir a bailar.[82]

Por el contrario, los atuendos utilizados por las personas de ascendencia africana e indígena estaban raídos y desgastados. Berthier mencionó que por debajo de los españoles "de pura sangre" en Caracas, había tres categorías más: la segunda eran los mestizos, la tercera los indígenas y la cuarta los negros. Los mestizos, señaló Berthier, se vestían de manera similar a los europeos, aunque sus prendas se confeccionaban con textiles de bajo costo. Los indígenas hacían su mejor esfuerzo para imitar a los mestizos, aunque no tenían permitido usar chales negros en las iglesias y solo podían cubrirse con velos blancos. La cuarta clase, personas con ascendencia africana, solo se vestían con camisa, falda y un pañuelo en la cabeza. Los negros más ricos usaban grandes aretes de oro.[83] Las personas esclavizadas usaban pocas prendas, por lo general hechas de algodón o piel de animal.[84]

Sin embargo, esto no quiere decir que las personas de ascendencia africana e indígena no ignorasen la ley y las costumbres vistiéndose al estilo de los llamativos oligarcas blancos. Por el contrario, la vestimenta europea podía ser implementada como medio de movilidad social para las personas que no eran de raza blanca. Durante el siglo XVIII en México, Perú y Saint-Domingue, por ejemplo, los visitantes europeos se impactaban al ver personas de ascendencia africana e indígena vistiendo la misma ropa usada por los blancos ricos.[85] Es poco

---

82 Ibid., 134.

83 Ibid., 135-6.

84 Ibid., 201.

85 Rebecca Earle, "Luxury, Clothing and Race in Colonial Spanish America," in *Luxury in the Eighteenth Century: Debates, Desires and Delectable Goods*, ed. Maxine Berg and Elizabeth Eger (New York: Palgrave, 2003); Tamara J. Walker, *Exquisite Slaves: Race, Clothing, and Status in Colonial*

probable que las autoridades venezolanas hubiesen podido controlar completamente el uso de vestimenta lujosa por parte de los negros e indígenas. Esto fue particularmente cierto para aquellos no blancos quienes constituían la vasta mayoría de los estratos medios de la sociedad. Sin embargo, como se vio en el episodio con De la Peña y sus hijas, los funcionarios coloniales solo hacían cumplir esta ley cuando les convenía.

Aunque los textiles se importaban de Europa, la ropa—como las alfombras que utilizaron De la Peña y su familia—se fabricaba localmente. Se confeccionaban en boutiques, las cuales eran propiedad de los sastres más expertos, generalmente hombres de ascendencia africana que empleaban personas esclavizadas como aprendices. En las tiendas más grandes, habría un modista maestro, cinco costureros y dos aprendices esclavos.[86] Para convertirse en sastre, uno tenía que registrarse en el gremio local, pagar una tarifa de registro y aprobar los exámenes.[87] Las élites se reunían con sus sastres después de comprar los textiles en el mercado o en una tienda local. Luego le indicaban al modista qué estilo de prenda querían. Este ofrecía asesoramiento experto, pero al final era el cliente quien tomaba la decisión final con los diseños.[88]

Los precios en las sastrerías eran altos. En la Caracas de 1770, por ejemplo, algunos de los productos robados por los rebeldes de Coro se elaboraban por 1 peso y 2 reales la pieza.[89] Esto equivalía a 10 días de trabajo de campo para la mayoría de los trabajadores, por lo que contratar un sastre estaba fuera de su alcance.[90] Por lo

---

Lima (New York: Cambridge University Press, 2017); Joan Dayan, *Haiti, History, and the Gods* (Berkeley: University of California Press, 1995), 170-82.

86 Duarte, 228.

87 Ibid., 233.

88 Ibid.,227.

89 Ibid., 228-9.

90 Para más sobre los salarios en la Venezuela del S. XVIII, ver: Otilia Rosas González, *El tributo indígena en la Provincia de Venezuela* (Caracas: Historiadores SC, 1998), 21

tanto, la mayoría de los trabajadores confeccionaban su propia ropa con lino importado o con telas manufacturadas por artesanos locales.[91]

La ropa que usaban los residentes de las sociedades altas y bajas reflejaba las entrelazadas jerarquías de raza y clase en el Coro colonial. Antes del advenimiento del capitalismo, era mucho más común que los terratenientes y comerciantes locales acumulasen capital para gastarlo en artículos de lujo, como la ropa. Este atuendo servía para señalar la raza y clase de las élites europeas. Las clases intermedias de Coro—en su mayoría de ascendencia africana y/o indígena—podían utilizar su limitado poder adquisitivo para emular a los terratenientes y comerciantes europeos. La ropa, por lo tanto, tenía el poder para ayudar a estas poblaciones a ascender en la jerarquía racial, de indio a mestizo o de mulato a pardo. Sin embargo, los de piel oscura no tenían muchas esperanzas de lograr esto. Otro obstáculo adicional era que las clases intermedias corrían el riesgo de sufrir graves consecuencias al violar las leyes de vestimenta, como se vio en el caso de De la Peña e hijas.

Pero gran parte del dinero que los blancos de clase alta despilfarron en trajes era desembolsado antes de entrar a la sastrería. La explicación radica en la naturaleza de la manufacturación textil de Europa.

Flandes

En noviembre de 1787, dos oficiales descubrieron 22 fardos de contrabando en Cumarebo, un asentamiento de caquetíos al noroeste de la ciudad de Coro. Los funcionarios encontraron la mercancía en una playa cercana, escondida en una grieta formada por dos rocas.[92] El descubrimiento no era desusado: el comercio ilegal con

91 Rojas, 235.

92 1787: Autos formados con motivo del apresamiento de varios efectos de contrabando, ejecutado por el Guarda Tomás Manuel Barbera en los montes de Pichibrea, costa del mar arriba," Comisos XXXV, AGN, ff. 308-332.

mercancías europeas era una característica omnipresente de la vida en la región.

El botín de Cumarebo se valoró en más de 1.050 pesos. Además de cuatro pequeños barriles de pólvora y dos libras de incienso, las 22 fardos de contrabando eran textiles europeos. Casi la mitad de estas, con un valor de 452 pesos, fueron fabricadas en Flandes.[93]

Es probable que los lugareños adquirieran estos productos a través de los comerciantes de Curazao. Antes de venderse en Coro, es posible que algunas de estas telas hayan estado almacenadas en los depósitos de la Compañía Holandesa de las Indias Occidentales (CIO), ubicados en la isla. Los documentos pertenecientes al último cuarto del siglo XVIII generalmente listan solo dos tipos de textiles mantenidos en estas instalaciones: lino de Flandes y Osnaburgo, un algodón basto hecho en Escocia utilizado en la vestimenta de personas esclavizadas. Durante este período, la existencia de lino de Flandes en los almacenes de la CIO llego a un máximo de 893 metros en 1773 y nunca cayó por debajo de 228 metros de tela.[94]

El lino flamenco también arribó legalmente a Coro a través de la RCG. En 1779, por ejemplo, cinco barcos de la compañía exportaron textiles a la Provincia de Venezuela y todos cargaban telas flamencas. En total, estos barcos trajeron 2.803 piezas de presilla—lino utilizado en la confección de camisas, pantalones y velos—por un valor de 23.618 pesos. Por igual, enviaron un total de 627 piezas de bramantes (un tejido hecho de algodón, pero enhebrado con fibra de lino) por un valor de 6.747 pesos. Además, la RCG comercializó 104 piezas textiles con patrones de línea, los cuales tenían un valor monetario superior a los 2.991 pesos.[95]

---

93 Ibid.

94 "Ingekomen bijlagen van Curaçao, met tafels," WIC 609-16, Nationaal Archief, The Hague.

95 Franklin Mendels señala los nombres en español otorgados a las diferentes formas de textiles flamencos. See: Franklin F. Mendels, *Industrialization and Population Pressure in Eighteenth-Century Flanders* (New York:

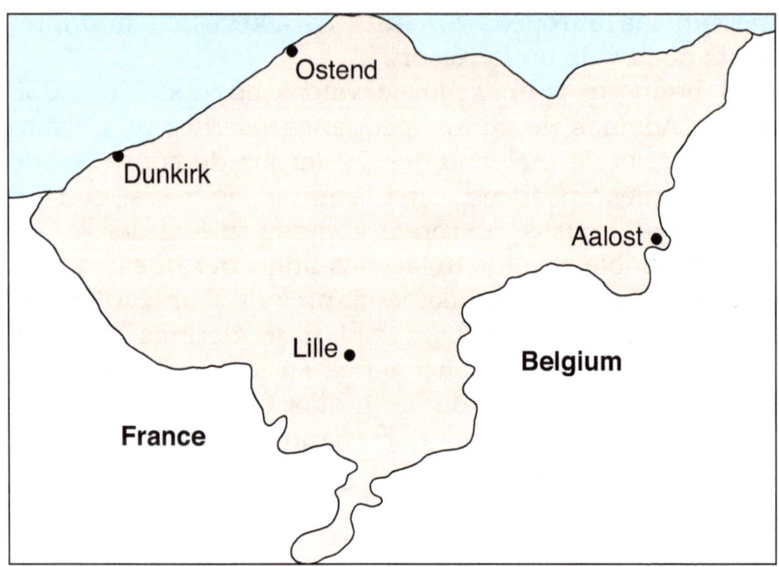

La región de Flandes.

Aun cuando el lino flamenco era codiciado en Coro, la mayoría de la gente sabía poco sobre su lugar de precedencia. Hoy en día, Flandes se extiende a lo largo de Holanda, Francia y Bélgica. Sin embargo, durante la mayor parte del siglo XVIII la región estuvo dividida políticamente entre Francia y Austria. El Flandes marítimo, ubicado al norte del continente europeo, se extendía desde el extremo occidental de Dunkerque hasta el oriente de Ostende. Pero la mayoría de la gente vivía en el interior, que ocupaba el terreno al sur de la costa, abarcando desde el oeste de Lille hasta el sureste de Alost. La tierra flamenca se caracteriza por su baja altitud, terreno plano y vías fluviales naturales.[96]

La manufactura en el Flandes francés estaba orientada hacia los mercados nacionales, mientras que la

Arno Press, 1981), 72. También ver: Duarte. Datos recolectados de: "Expedientes de la Compañía Guipuzcoana de Caracas," Caracas, 934B, AGI, ff. 628-30; "Expedientes de la Compañía Guipuzcoana de Caracas," Caracas 935C, AGI, ff. 30-34, 61-89.

96 Mendels, 51-55.

producción en el lado austríaco se destinaba casi exclusivamente a la América española.[97] Flandes ha sido famosa por su producción textil desde la antigua época romana. Durante esa época, la tela de lana se distribuía por todo el Imperio. Este comercio continuó y para el siglo XII Flandes se había convertido en la región más industrializada de Europa occidental.

Los patrones medievales de trabajo y tenencia de tierras siguieron siendo iguales hasta mediados del siglo XIX. En la zona marítima, las grandes fincas producían alimentos para la región y para la exportación. A los trabajadores de esta zona se les pagaba un salario, aunque no se les obligaba a comprar productos básicos para su subsistencia. Los agricultores a veces pagaban el alojamiento y la alimentación de sus trabajadores. Sin embargo, la gran mayoría de la población de Flandes vivía en el arenoso interior, donde la agricultura a gran escala estaba en desventaja y donde la producción artesanal encontró un desarrolló temprano.[98]

Un cambio decisivo ocurrió durante la segunda mitad del siglo XVII. En este período les fueron aumentados los impuestos y las rentas a los fabricantes flamencos, lo cual obligó al campesino a invertir más tiempo en la fabricación de textiles. Es importante señalar que este aumento de impuestos coincidió con el crecimiento de los mercados Hispanoamericanos.[99]

Los pequeños agricultores dominaban la producción de lino. Las grandes ciudades como Gante y Brujas habían sido el epicentro de la manufacturación anteriormente. Pero a medida que aumentaba la demanda del lino flamenco, la producción se expandía en el campo y se deterioraba en las ciudades. Aunque los campesinos de Flandes cultivaban gran parte de su propio alimento

---

97 Ibid., 182.

98 Ibid., 64-82.

99 Christiaan Vandenbroeke, "Proto-industry in Flanders: A Critical Review," in *European Proto-Industrialization*, ed. Sheilagh C. Ogilvie and Markus Cerman (New York: Cambridge University Press, 1996), 111

no podían autosustentarse totalmente. Esto se debía en parte a la mala calidad del suelo. Como resultado, muchos recurrieron a la fabricación de textiles durante el período medieval. Los campesinos compraban una parte de su alimento con lo que ganaban vendiendo tela.[100] La gran mayoría de los pequeños agricultores eran dueños de los telares y las ruecas que utilizaban para producir las telas. En una región de Flandes, por ejemplo, durante los años de 1700 a 1719, los campesinos alquilaban solo el 2,7% de los telares. Irónicamente, en lugar de aumentar, de 1780 a 1796 este número bajó a 0,4%.[101]

En consecuencia, la mayoría de los fabricantes de lino podía garantizar su propia subsistencia y poseía las herramientas con las que trabajaba. Esto limitó el potencial de crecimiento de la industria. Las exportaciones de telas incrementaron de aproximadamente 120.000 piezas en 1700 a cerca de 175.000 en 1775. Esta expansión llegó, no a través de la innovación productiva, sino a través del crecimiento demográfico y la propagación de la manufactura a nuevas ciudades.[102]

El sistema protoindustrial de Flandes era bastante complejo e involucraba a miles de trabajadores en toda la región. La mayor parte del lino se sembraba comercialmente en grandes campos al noreste, sin embargo, algunos pequeños agricultores cosechaban el suyo.[103] Una vez plantado el lino, se cosechaba después de 100 días de maduración. Posteriormente se agrupaba en fardos que se extendían a secar a lo largo de un campo. Luego, el lino solía llevarse a mercados semanales que fungían de puntos intermediarios entre campesinos y comerciantes.

Como complemento a la agricultura de subsistencia, las familias producían lino a tiempo parcial. El esposo o la esposa compraban las plantas en el mercado para

---

100 Ibid., 182.

101 Ibid., 181.

102 Christiaan Vandenbroeke, "Le cas flamand: évolution sociale et comportements démographiques aux XVIIe-XIXe siècles," *Annales* 39:5 (1984): 928.

103 Mendels, 191-2.

Interior con una Anciana con una Rueca (1667) por el pintor holandés Esaias Boursse (1631-1672).
Dominio Público

llevarlas a casa y procesarlas. Primero, golpeaban el lino para extraer las semillas. Después, lo enriaban para eliminarle los componentes sin fibra. A continuación, presionaban la planta para quitarle el líber del tallo. Seguidamente, lo secaban y acomodaban para finalmente peinar el lino separando sus fibras.[104]

Desde el hogar las familias trabajaban en estos hilos. La producción se llevaba a cabo generalmente durante la noche y/o en invierno, dependiendo de las necesidades del hogar. La madre y sus hijos hilaban el lino, aunque a veces este se podía comprar hilado en los mercados locales. Mientras, el hombre de la casa se encargaba del tejido. El producto terminado generalmente se llevaba a un mercado semanal para vendérselo a un comerciante. A veces, los productores rurales le vendían su producto a un intermediario, conocido como un "kutser", quien compraba las telas a un precio más bajo, ahorrándole al productor un viaje al mercado.[105]

104 Ibid., 215-17.
105 Ibid., 181-204.

Esta capacidad de subcontratar evidencia el hecho de que los campesinos flamencos disfrutaban de niveles de vida relativamente altos. Un tejedor tenía que trabajar 270 días al año en 1710, pero esta cifra disminuyó considerablemente a lo largo del siglo. Apenas cinco años después, las jornadas laborales requeridas se redujeron casi a la mitad, a un total de 140 días al año. Este número alcanzó los 120 días al año en 1740 y tuvo un mínimo histórico de 110 días de 1775 a 1780.[106] Las condiciones de salubridad y, por ende, la población, aumentaron como resultado de esta prosperidad.[107] El número de habitantes de las zonas industriales del sur y este de Flandes se incrementó hasta en un 160% durante el siglo XVIII.[108]

Una mayor población implicó más disponibilidad de productos para los comerciantes flamencos quienes también eran fabricantes. Los grandes comerciantes generalmente compraban las telas directamente de los productores rurales. Para luego llevar la mercancía a casa y blanquearla.[109]

Más tarde, los comerciantes pondrían en marcha un complejo sistema comercial en el cual era posible no ver retorno alguno durante años. Transportaban sus textiles a un puerto de España (generalmente Cádiz) bajo el cuidado de un intermediario español. Seguidamente, este socio ibérico enviaba las mercancías de su contraparte en Flandes a las Américas, donde se intercambiaban por productos agrícolas, los cuales regresarían a España para ser transportados a Flandes. El comerciante flamenco luego vendería su producto americano a otros mercaderes europeos. Debido a los largos periodos de

---

106 Vandenbroeke, "Proto-industry," 113.

107 Herman Van der Wee y Peter D'Haeseleer, "Proto-Industrialization in South-Eastern Flanders: The Mendels Hypothesis and the Rural Linen Industry in the 'Land van Aalst' During the 18th and 19th Centuries," in *Proto-industrialization: Recent Research and New Perspectives in Memory of Franklin Mendels* (Geneva: Droz, 1996), 248.

108 Vandenbroeke, "Le cas flamand," 918.

109 Ibid., 180.

espera requeridos para ver algún retorno a las inversiones, solo los hombres más adinerados podían convertirse en comerciantes.[110]

La arcaica e intrincada naturaleza de la industria textil de Flandes fue parcialmente responsable del valor prohibitivo que estos textiles adquirieron en Coro. La gran mayoría de los trabajadores eran dueños de los medios de producción y podían garantizarse una parte fundamental de su propia subsistencia. El crecimiento de la manufactura no se debió a la innovación tecnológica sino a la expansión de la industria a nuevas aldeas. Dado que los fabricantes flamencos no dependían totalmente de esta actividad para subsistir, la producción se limitó a los trabajadores campesinos a tiempo parcial y de pequeña escala. Esto restringía el número de artículos que podían fabricarse y es por eso que los blancos prósperos parecían ser las únicas personas en Coro que podían pagar las telas flamencas.

Bretaña

Seis meses después de la rebelión de Coro, José Manuel de la Cruz Castillo, de 66 años, fue llamado a declarar sobre el escondite de ropas, joyas y textiles robados que descubrió en la sierra. En la secuela a la insurrección, dirigió un contingente de milicianos y voluntarios para arrestar a presuntos rebeldes y recuperar los bienes robados. Entre las docenas de objetos recuperados por el equipo de Castillo se encontraban "dos Sabanas, de Bretaña, ya usadas."[111]

La referencia hecha por de Castillo sobre las sábanas bretonas es la única que ha incluido el lugar de origen de una tela en las declaraciones relacionadas con la rebelión. Es pertinente mencionar esto, ya que las *bretañas*

---

110 Hilda Coppejans-Desmedt, *Bijdrage tot de studie van de gegoede burgerij te Gent in de XVIIIe eeuw: de vorming van een nieuwe social-economische stand ten tijde* (Brussels: Paleis der Academiën, 1952), 27-8.

111 "Expedientes, sublevación de esclavos," ff. 131.

Un mapa de Francia y Bretaña.

pueden haber gozado de mayor prestigio que los textiles de Flandes. La tela bretona era famosa en Venezuela debido a su sensación al tacto y apariencia ondulada, algo único que llegó a ser visto como un signo de opulencia y estilo.

Aunque el diseño de las bretañas era distintivo, su diseminación fue amplia. Solo hay cuatro casos de contrabando registrados en el Coro del siglo XVIII, que incluyen el lugar de origen de los textiles. De estos cuatro registros, tres presentan un traslado de tela bretona. Entre los bienes confiscados en Tucacas en 1715, figuraban seis piezas de lino provenientes de esa región, valoradas en 2 pesos cada una.[112] Más de 70

112 "1715: Autos sobre el comiso hecho en las playas de las Tucacas por el Sargento Mayor Don Luís Francisco de Castro," Comisos II, AGN.

años después, en 1787, se incautaron en El Trapichito 6.17 metros de bretaña valoradas en 1 peso y 7 reales. Y ese mismo año se requisaron en Pichibrea 13 piezas de la tela, valoradas en 26 pesos.[113] Pero estos números palidecen al compararlos con aquellos de las importaciones de la RCG. En el año del ejemplo, 1779, dos barcos de la compañía transportaron 4.809 piezas de tela bretona a Venezuela, de un valor superior a los 22.000 pesos[114]

La región de Bretaña era tan idiosincrática como la tela que producía. Situada al otro lado del Canal de la Mancha en el noroeste de Francia, el pueblo de Bretaña desciende de los bretones, quienes se asentaron en la tierra que más tarde sería conocida como Gran Bretaña. Es debido a esto, en parte, que los habitantes de Bretaña eran considerados culturalmente distintos al resto de la población de Francia. Aunado a esto, la mayoría de los bretones practicaban el protestantismo en lo que oficialmente era un país católico.[115]

Bretaña también se distinguió gracias a su industria textil de renombre mundial. Los primeros registros de esta actividad datan de 1430 y desde sus inicios la producción de lino se orientó casi exclusivamente a los mercados españoles.[116] Estas transacciones pronto incluirían a las Américas, donde la conquista y el asentamiento en la región fomentarían el florecimiento de la industria de Bretaña, que al igual que Flandes adoptó la producción textil debido a la mala calidad del suelo.[117]

El proceso de preparación del lino, solía comenzar con la importación de semillas procedentes del este de

113 1787: Autos sobre la aprehensión que hizo Don Juan Antonio Barbera, Cabo de Resguardo," Comisos XXXV, AGN; "Autos formados."

114 "Expedientes de la Compañía Guipuzcoana de Caracas."

115 Nancy Locklin, *Women's Work and Identity in Eighteenth-Century Brittany* (Burlington, Vt.: Ashgate Pub., 2007), 9.

116 Jean Martin, *Toiles de Bretagne: la manufacture de Quintin, Uzel et Loudéac, 1670-1850* (Rennes: Presses Universitaires de Rennes, 1998), chap. 1, para. 12-17, https://books.openedition.org/pur/21844.

117 Ibid., chap. 2.

Europa y Zelanda. Los campesinos cultivaban las semillas de lino y las vendían a comerciantes en los mercados locales. Estos comerciantes, o revendían los granos a mercaderes extranjeros o los despachaban ellos mismos. El comercio de linaza era masivo. En 1750, por ejemplo, se importaron 12.000 barriles de semillas al puerto de Roscoff en Bretaña.[118] El comercio también probo ser lucrativo para los comerciantes. El precio por barril de semillas en Roscoff era de 35 *livres*, dos veces el valor registrado en el Báltico.[119]

Mientras los trabajadores asalariados en Flandes producían lino en grandes fincas, los campesinos de Bretaña cultivaban ellos mismos sus propias plantas. Se necesitaba un barril de semillas para sembrar media hectárea. El lino se plantaba en mayo y se cosechaba en julio, cuando el tallo alcanzaba de dos a cinco pulgadas de alto. Los pequeños agricultores arrancaban el lino manualmente a fin de alargarlo. La planta se colocaba dentro de un barril y se enriaba a los pies de una fuente en los terrenos del campesino o en la corriente de algún arroyo natural cercano. El proceso de enriado tomaba de una a dos semanas. Luego se extraía el lino del agua y se secaba al sol durante ocho o diez días. Finalmente, los agricultores llevaban el lino al mercado local de Tregor. Era más frecuente, sin embargo, que pequeños comerciantes conocidos como *linotiers* recolectasen el lino de los cultivadores y lo llevasen a los mercados cobrando una comisión.[120]

Los linotiers jugaron un papel importante en la industria. Transportaban el lino, de Tregor a los mercados de toda la región. Sus caballos podían portar hasta 60 kilos de la planta los cuales producirían de 10 a 15 kilos de hilo, aproximadamente. Estos pequeños vendedores vendían el lino a comerciantes más grandes. Los linotiers también podían proveer de lino a hilanderos y tejedores

118 Ibid., chap. 5, para. 5.
119 Ibid., para. 10.
120 Ibid., para. 3-20.

para que estos no tuviesen que producirlo ellos mismos. Era común ver a los linotiers recorrer los campos distribuyendo el producto, en particular a viudas, ya que era menos probable que estas viajaran solas a los mercados urbanos.[121]

Al igual que en Flandes, el hilado y el tejido se realizaban en el hogar.[122] Para hilar el lino, primero se limpiaba la planta para eliminar las impurezas. A continuación, los hilanderos utilizaban una *braie* (herramienta casera con aspecto de banco) para separar la estopa de la parte leñosa de la planta. Seguidamente, trituraban el lino con una herramienta llamada *péseau*, la cual estaba compuesta de dos tablas que formaban un ángulo recto. Finalmente, los hilanderos usaban un *bressage* para cardar la planta, lo que producía una cuerda. Una vez concluidas estas medidas preparatorias, las mujeres y los niños utilizaban una rueca de su propiedad, para así poder hilar las fibras y convertirlas en hilo.[123]

Una vez que la planta se encontraba en forma de hilo el hombre de la casa lo tejía para obtener tela. Al igual

---

121 Ibid., para. 21-30.

122 Actualmente no se dispone de datos oficiales sobre los tejedores del siglo XVIII, pero los registros del primer cuarto del siglo XIX esclarecen la situación del mercado laboral del siglo anterior. En 1825, había 5.441 tejedores en los tres mercados más grandes de sábanas. 3.289 de estos trabajadores, o poco más del 60%, fueron clasificados como agricultores/tejedores, lo que significa que eran trabajadores a tiempo parcial que también tenían acceso a la tierra. Menos del 40% de los tejedores fueron clasificados como trabajadores dedicados a tiempo completo; estos eran los que probablemente vivían en las zonas urbanas. Aunque son indicativos de tendencias generales, estas cifras probablemente subestiman el porcentaje de campesinos/tejedores del siglo XVIII. El apogeo de la industria del lino en Bretaña se dio a mediados de la década de 1770; la producción se redujo considerablemente después de 1779. Debido a que la expansión de la industria del lino ocurrió principalmente en el campo, la mayoría de aquellos que dejaron de producir después de 1779 probablemente vivían en áreas rurales. Por añadidura, las cifras de 1825 no incluyen otras regiones productoras de lino que fuesen principalmente rurales. No obstante, el hecho que más del 60% de los tejedores en tres grandes zonas productoras de lino fueran clasificados como propietarios de tierras en 1825 indica que los campesinos constituían la mayoría de los hilanderos y tejedores. Martin, *Toiles*, cap. 6, tabla 2.

123 Martin, *Toiles,* cap. 5: 31-43.

que en Flandes, los tejedores tenían sus propios telares. A menudo se mantenían en una habitación separada o en un granero. Una vez tejida, la tela se llevaba al mercado semanal para su venta.[124] Pero algunos tejedores también tenían contratos con comerciantes locales. En 1759, por ejemplo, François Rabet acordó confeccionar sabanas para el comerciante François Lalleton por cuatro años. Se le pagaban cerca de 4 *sous* por metro de lino producido.[125]

Los comerciantes generalmente contrataban a pequeños agricultores para blanquear la tela después de comprarla. Los blanqueadores típicos alquilaban un domicilio espacioso con granero. Estas propiedades contaban con una hectárea de terreno baldío utilizada para secar las telas. El terreno también proporcionaba un área ideal para la cosecha de cultivos necesarios en la alimentación de los inquilinos.

El blanqueamiento era un proceso prolongado que requería de numerosas familias para sostener una operación exitosa. El primer paso consistía en remojar las sabanas, durante tres o cuatro semanas, en grandes toneles de madera. En estos recipientes, la tela se ablandaba con una mezcla de centeno, harina de trigo sarraceno y agua. A continuación, se batían las sábanas y se colocaban en un tendedero. Este proceso se repetía durante dos o tres días. Luego, los trabajadores dejaban colando las telas en tanques. Encima de la pila se colocaba una bolsa llena de cenizas de madera sobre la que se vertía agua hirviendo. Un proceso que se repetía entre ocho y 12 veces. Finalmente, el producto era almidonado.[126]

---

124 Martin, *Toiles*, cap. 6. Para poder convertirse en tejedor, tenía uno, que unirse al gremio local y servir como aprendiz, lo que podía durar entre 18 meses y tres años. Los aprendices vivían con su maestro. En las zonas rurales, como Allineuc, los empleadores pagaban el alojamiento y el alimento de los aprendices. Sin embargo, en áreas más urbanizadas, como Quentin, las familias tenían que pagar al maestro por sus servicios.

125 Ibid.

126 Ibid., cap. 7.

Los textiles se les devolvían a los comerciantes quienes los almacenaban y contrataban trabajadores adicionales para efectuar los preparativos finales. El primer paso era alisar los pliegues del lino. Acto seguido, los trabajadores golpeaban las telas con mazos de madera y luego la mercancía era doblada en forma de acordeón. Las telas volvían a recibir ahora golpes más suaves, acto llamado *pilotage*. Más tarde, un especialista altamente capacitado intervenía plegando las sabanas dobladas en una pieza de 12 capas. Luego, la tela se planchaba alrededor de los bordes con la intención de resaltar el filo. Por último, las capas se presionaban para conservar su forma. Seguido de esto, comenzaba el empaquetado de las bretañas; primero eran envueltas en papel gris y luego cubiertas con una tela protectora. El comerciante etiquetaba el paquete con su nombre, el nombre del lavandero, el número y la calidad de las sabanas más la longitud total de los textiles envueltos. Cada paquete pesaba entre 35 y 45 kilos.[127]

Había cuatro puertos en Bretaña, pero casi el 80% de los textiles producidos entre 1748 y 1788 eran enviados desde Saint-Malo. Los mercaderes contrataban transportistas para llevar sus paquetes hasta el puerto. Una vez llegadas las mercancías, las autoridades locales las inspeccionaban por motivos fiscales.[128] La gran mayoría del lino se transportaba a Cádiz antes de ser embarcado a las Américas. Por esta razón, algunos comerciantes de Bretaña se instalaron en Andalucía durante el siglo XVIII. Cien comerciantes franceses estaban registrados como residentes allí en 1771 y una cuarta parte de ellos, aproximadamente, era de Bretaña.[129]

Tal y como fue el caso en Flandes, la producción de telas en Bretaña fue realizada por artesanos independientes, siendo la mayoría de ellos campesinos que producían textiles a tiempo parcial. La gran mayoría

127 Ibid.
128 Ibid.
129 Ibid., cap. 2.

de estos trabajadores poseía sus propias herramientas, que eran necesarias para la producción de hilo, el tejido de la tela y su blanqueamiento. Al igual que en Flandes, la fabricación del lino en Bretaña solo podía aumentar mediante el crecimiento demográfico o la expansión geográfica de la actividad manufacturera. Este modo de producción era costoso y resultaba en el alto valor real y simbólico de las bretañas en Coro.

Devon

Aunque los revolucionarios de Coro estaban conscientes de la conexión que había entre los textiles europeos y su trabajo, no todos pensaban en el hecho de que debían su propia existencia a la fabricación de estas mercancías. La mayoría de los rebeldes nacieron en Coro, pero sus padres y/o abuelos eran provenientes de África occidental y centro-occidental. Los antepasados de los insurgentes habían sido esclavizados e intercambiados por productos europeos, en gran parte por sábanas. La South Sea Company de Inglaterra (SSC) mantuvo el monopolio del comercio español de esclavos durante gran parte del siglo XVIII y fue la responsable de traer muchos africanos a Coro. Tenía una factoría en Caracas que entre 1715 y 1739 importó 5.240 esclavos.[130] Algunos de estos individuos eran transportados para vivir, trabajar y morir en Coro.

La mayoría de los textiles de la SSC se fabricaban al suroeste de Inglaterra, en la región de Devon.[131] El prolífico escritor y empresario Daniel Defoe realizó una gira

130 Colin Palmer, *Human Cargoes: The British Slave Trade to Spanish America, 1700-1739* (Urbana: University of Illinois Press, 1981), 107.

131 Aunque faltan cifras oficiales, está claro que Devon fue el mayor productor de telas durante al menos el primer cuarto del siglo XVIII. La tela producida al suroeste de Inglaterra representó el 16% de *todo* lo exportado por Gran Bretaña durante 1710. Ver: "How the Regions became Peripheral: A Complex Long-Term Historical Process," by Michael Havinden, Andre Lespagnol, Jean-Pierre Marchand and Stephen Mennell in *Centre and Periphery: Brittany and Cornwall & Devon Compared*, eds. M.A. Havinden, J. Quéniart, and J. Stanyer (Exeter: University of Exeter Press, 1991), 14.

por Devon en 1724, durante el apogeo del comercio de telas de lana. El autor de *Robinson Crusoe* expreso su entusiasmo de la siguiente manera:

> Devonshire, un condado entero, tan lleno de grandes ciudades, y esas ciudades tan llenas de gente, y esa gente tan totalmente empleada en el comercio y las manufacturas, que no solo no podría ser igualado en Inglaterra, sino que quizás tampoco en Europa.[132]

De hecho, Devon era la tercera región más poblada de Inglaterra y el centro manufacturero primario del país. El principal puerto de Devon, Exeter, era sinónimo del creciente comercio internacional de telas de Gran Bretaña.[133] Defoe recomendó a todos los viajeros que visitaran la feria de la ciudad: "El mercado de sarga celebrado aquí todas las semanas vale bien la pena que un extranjero lo conozca, y junto al mercado de Brigg en Leeds, Yorkshire, es el más grande de Inglaterra."[134]

Un viajero habitual al mercado de Exeter era el comerciante londinense Nicolas Cholwell. Aunque vivía en la capital, Cholwell tenía propiedades en Woolston, una ciudad con un nombre muy apropiado, ubicada en la parroquia de West Abington y el condado de Devon.[135] El comerciante suplía los mercados en el Mediterráneo que, junto con Holanda, eran los principales compradores de la tela de Devon.[136] Cholwell también vendía una cantidad significativa del producto a la SSC; en el

---

132 Daniel Defoe, "A Tour Through Great Britain (1724)," in *Early Tours in Devon and Cornwall*, ed. R. Pearse Chope (Devon: David & Charles, 1967), 145-6.

133 W.G. Hoskins, *Industry, Trade and People in Exeter, 1688-1800* (Exeter: University of Exeter, 1968), 16.

134 Defoe, 147.

135 "Will of Nicholas Cholwell, Merchant of London," PROB 11/610/437, The National Archives-Prerogative Court of Canterbury, United Kingdom.

136 Defoe, 147-8. Cholwell estaba involucrado en un caso legal relativo a este comercio con el Mediterraneo. Ver: Andrea A. Addobbati, "When Proof is Lacking: A Ship Captain's Oath and Commercial Justice in the Second Half of the Seventeenth Century," *Quaderni Storici* 153 (2016), 727-52.

Un mapa de Bretaña y Devonshire.

mismo año en el que Defoe visitó Devon, Cholwell vendió más de 13.114 libras esterlinas en telas a la compañía, la suma más alta de cualquier comerciante ese año.[137] Con textiles como estos fueron comprados los antepasados de los rebeldes de Coro.

La producción comercial de telas fue una industria rentable en Inglaterra durante la Edad Media, pero esta no tendría sus inicios en Devon sino hasta mediados del siglo XIV. Durante este período, los textiles eran producidos por familias y suplidos a los mercados cercanos. La lana esquirlada a las ovejas locales proporcionaba la materia prima necesaria para hilar y tejer telas. Un

137 "South Sea Company Papers," Manuscripts 25502, British Library, London, England.

siglo después, Devon comenzó a vender el producto en el extranjero, y entre 1501 y 1502 los textiles de Devon representaban el 10% de las exportaciones totales de Inglaterra.[138]

Al igual que en Flandes y Bretaña, la gran mayoría del hilado y tejido se realizaba a tiempo parcial por familias campesinas.[139] Debido a que las condiciones del suelo no eran viables para cultivar, la ganadería y la manufactura se realizaban como complemento a la pequeña agricultura.[140] Durante el siglo XVIII, aproximadamente un 24% de la tierra de Devon era de propiedad común, aunque era utilizada principalmente para el ganado.[141]

A pesar de la preponderancia que tenía la cría de animales, la mayor parte de la lana utilizada para fabricar textiles era importada. A medida que la manufactura se expandía, los suministros locales no resultaron capaces de cubrir las necesidades de la industria. A principios del siglo XVIII, casi toda la lana llegada a Devon procedía de Irlanda. Durante los años de auge en la década de 1720, el comercio de lana irlandesa disminuyó mientras que las importaciones de hilo irlandés aumentaron. Ya en 1745, las importaciones de hilo triplicaban a las de lana.[142]

Antes del predominio del hilo importado, los comerciantes en Exeter compraban la lana y la vendían a hilanderos y tejedores en el mercado semanal. La inmensa mayoría de estos trabajadores viajaba largas

---

138 Joyce Youings, "The Economic History of Devon, 1300-1700," in *Exeter and its Region*, edited by Frank Barlow (Exeter: University of Exeter), 169.

139 Ibid., 168.

140 Ibid., 165-6.

141 Robin Stanes, "Devon Agriculture in the Mid-Eighteenth Century: The Evidence of the Milles enquires" in *The South-West and the Land*, ed. Michael Ashley Havinden and Celia M. King (Exeter: University of Exeter, 1969), 45; Harold S.A. Fox, "Outfield Cultivation in Devon and Cornwall: A Reinterpretation," in *Husbandry and Marketing in the South-West, 1500-1800*, ed. Michael Havinden (Exeter: University of Exeter Press, 1973), 19-38; David Levine, *Family Formation in an Age of Nascent Capitalism* (New York: Academic Press, 1977), 105.

142 Hoskins, 30-1.

distancias para llegar allí. La región de manufactura más fuerte de Devon, centrada alrededor de Tiverton, estaba a 22 km de distancia.

Cuando era necesario hilar la lana cruda, los tejedores empleaban a sus esposas e hijos. Pero por lo general necesitaban alrededor de ocho hilanderos, que a veces debían ser contratados. Intermediarios, conocidos como *yarn jobbers*, suministraban la lana que hilaban los trabajadores locales.[143] Una vez la lana era convertida en hilo, los tejedores usaban sus propios telares para hacer las telas. A partir de ahí, los comerciantes se encargaban de finalizar y teñir el producto.

Es probable que bataneros en Devon y sus familias se encargaran de la mayor parte de los procesos de acabado.[144] En Yorkshire, por ejemplo, los señores locales eran propietarios de los batanes, pero alquilaban el terreno y los equipos a las familias. Los batanes se ubicaban en tierras cultivables e incluían varias casas para parientes cercanos y lejanos.[145] Se necesitaba de un espacio amplio no solo porque el enfurtir fuese un trabajo dificultoso, sino también porque estas familias cosechaban y cultivaban sus propios alimentos.[146] Estos talleres se instalaron cerca de cuerpos de agua ya que

---

143 Stanley Chapman, ed., *The Devon Cloth Industry in the Eighteenth Century: Sun Fire Office Inventories of Merchants' and Manufacturers' Property, 1726-1770* (Exeter: Devon and Cornwall Record Society, 1978), vii.

144 Poco se sabe sobre los procesos de acabado en Devon, pero al utilizar los pequeños detalles disponibles sobre Devon y al complementarlos con los procesos de Yorkshire, emerge una figura más completa.

145 Pat Hudson, *The Genesis of Industrial Capital: A Study of the West Riding Wool Textile Industry, c.*

1750-1850 (Cambridge and New York: Cambridge University Press, 1986), 85-9.

146 Ibid., 6. Para trabajar en los batanes, los hombres tenían que servir durante siete años como aprendices del Gremio de Tejedores, Bataneros y Esquiladores de la Ciudad y Condado de Exeter. Técnicamente, todo hombre que trabajase en la industria de la tela tenía que pertenecer a este gremio, pero dada la naturaleza descentralizada del hilar y el tejer, esto era imposible de hacer cumplir. Aunque la mayoría de los trabajadores en la industria de la tela eran tejedores e hilanderos, la gran parte de los miembros del Gremio eran bataneros.

este elemento proporcionaba la energía de la maquinaria. A finales del siglo XVII y principios del XVIII, había docenas de batanes esparcidos por todo el condado de Devon.[147]

El proceso de batanado en sí, era complicado. Primero, las esposas y los hijos desmotaban las telas de lana para eliminar nudos y otras impurezas. Para enfurtir las telas, enormes martillos accionados por agua golpeaban las sabanas mojadas. Luego, un esquilador cortaba los hilos sueltos de las telas. A continuación, las telas se entregaban a otro asistente que retiraba las impurezas restantes y quien pasaba la tela a un planchador, que aplanaba los textiles con placas de madera.[148] La mano de obra estaba dividida entre los especialistas de Exeter, pero las familias rurales realizaban la mayor parte del enfurtido de la región.[149]

Una vez terminada la mayor parte de los procesos de acabado, las telas se devolvían a los comerciantes quienes las enviaban a teñir. La SSC solía organizarse para que sus sábanas fueran teñidas por profesionales en Londres.[150] Sin embargo, a principios del siglo XVIII, la mayoría de las telas de Devon fueron teñidas, y enviadas, desde Exeter.[151]

En Devon a principios del siglo XVIII, al igual que en Flandes y Bretaña, la manufactura textil se realizaba principalmente a nivel doméstico. Los señores feudales eran dueños de las tierras y requerían de algún tipo de

147 Michael Havinden, "The Woollen, Lime, Tanning and Leather-working, and Paper-making Industries, c. 1500-1800," in *Historical Atlas of South-West England*, edited by Roger Kain and William Ravenhill (Exeter: University of Exeter Press, 1999), 339.

148 Hoskins, 56-8.

149 Celia Fiennes en 1695 observó que todos los procesos de acabado eran llevados a cabo en casas de enfurtido, aunque ella solo hace referencia al caso de Exeter. Ver: Celia Fiennes, "Through England on a Side Saddle," in *Early Tours in Devon and Cornwall*, ed. R. Pearse Chope (Devon: David & Charles, 1967), 113-4.

150 Ver "South Sea Company Papers."

151 Hoskins, 66-8. En 1701, más de 83,000 piezas fueron enviadas a Londres desde Exeter, aunque esta cantidad se producía por lo menos tres veces al año.

pago por su usufructo. La producción era un proceso complicado, que involucraba a miles de artesanos, quienes en su gran mayoría trabajaban desde casa, poseían sus propias herramientas y trabajaban a su propio ritmo.[152] La mayoría de los individuos también tenían el control sobre sus necesidades de subsistencia. Cuando los comerciantes británicos compraban gente en África con telas, esta era la mano de obra incorporada en ellas.

Conclusiones

La última vez que mencionamos a María de los Dolores Chirino, esta había sido arrestada. Fue acusada de insurrección, perjurio a las autoridades, robo de ropa y otros objetos de valor. Luego de ser aprehendida, Chirino fue confrontada con el testimonio de Don Juan Francisco Santaliz, quién presentándose bajo juramento declaró haberle confiscado, en los días posteriores a la rebelión, prendas de vestir robadas. Al ser interpelada, Chirino respondió que no había mencionado esto en los interrogatorios pasados porque como mujer estaba desconcertada. Su defensor atestiguó, "no la permitio la confucion, y cortedad de su sexo expecificar los bienes, y prendas que le dio aguardar Joséf Leonardo Chirino su marido."[153] Para evitar la prisión y/o la muerte, Chirino intentó desesperadamente exonerarse apelando a las taxonomías coloniales respecto a la feminidad.[154]

Unos meses más tarde, Doña Ana Tellería, hermana del difunto Joséf de Tellería, suplicó ante el tribunal por la liberación de Chirino y otras personas esclavizadas propiedad de su familia.[155] Tellería insistió en la inocencia de Chirino y como prueba se refirió a dos

152 El vínculo entre la propiedad de las herramientas y la facultad de trabajar a su propio paso, en yuxtaposición al modo de producción capitalista, es trazado por Levine en *Family Formation*, 1.

153 "Expedientes, sublevación de esclavos," ff. 134.

154 Beckles, 55-71.

155 Ibid., ff. 159-67.

testimonios—incluyendo el de un rebelde convicto—que corroboraban que Chirino no estuvo involucrada en la insurrección. Tellería agregó que Chirino se había separado de su esposo en los días posteriores al levantamiento, hecho evidenciado por las acciones de José Leonardo al huir de Coro y no ser encontrado sino hasta tres meses después. En otro alegato adicional para vindicarla, concluyó, que los hechos violentos desatados durante la rebelión "no caven en el aliento femenino."[156]

"Resta pues" afirmó Tellería "que María de los Dolores solo parece en el proceso sumariada por la simple receptacion de las alajas que le encontró Dn Fran.co Santaliz."[157] Estas alhajas—los textiles europeos y la ropa que se acostumbraba producir—no estaban escondidos en algún lugar de las montañas, porque Chirino era inocente. Ella aceptó la mercancía de su esposo por que le tenía miedo—justificadamente. Sin embargo, Chirino le entregó los objetos a Santaliz una vez que este los encontró. Simplemente olvidó mencionarle esto a Valderrama por estar "incierta del excito del juicio en que teme peligre su vida ynocente."[158] Pero lamentablemente para Chirino, su familia y su comunidad, Valderrama no le creyó ni a ella, ni a Tellería.

En diciembre de 1796, año y medio después de la rebelión, se le ordenó a la familia Tellería vender a Chirino y a sus hijos fuera de Coro. Sin embargo, Chirino no saldría viva de la cárcel. El último registro de ella se encuentra en el testamento de Joséf de Tellería, que expresa: "la Mulata María de los Dolores fallecio sin ser vendida."[159] El documento agrega que fue enterrada, pero que no se emitió un certificado de defunción "por evitar costos."[160]

---

156 Ibid., ff. 159-60.
157 Ibid., ff. 160.
158 Ibid., ff. 161-2.
159 "Testamentaria de Joséph de Tellería, 1798," Archivo Histórico del Estado de Falcón.
Coro, Venezuela, ff. 403.
160 Ibid.

Chirino, esclavizada desde el nacimiento, separada de sus hijos y encarcelada durante los últimos meses de su vida, murió en una prisión pútrida por su posesión de "alajas."

Nunca quedó claro si Chirino estuvo realmente involucrada o no en la insurrección. Es muy posible que se le haya olvidado informarle a Valderrama que ella tenía algunos de los bienes de Martínez en su poder. O quizás Doña Ana Tellería tenía razón, tal vez Chirino estaba avergonzada y/o temía mencionar ese detalle. Pero también es probable que Chirino estuviera mintiendo. Ella pudo haber sido una participante activa en la rebelión que ayudó a su esposo a asesinar a Martínez y a tomar sus pertenencias. Si Chirino estaba involucrada de alguna manera y no mató a Martínez, estuvo al menos dispuesta a recibir la mercancía una vez ocurrido el hecho.

Tal vez la verdad se encuentre en algún punto intermedio. Parece haber existido una gama de niveles de participación dentro de los movimientos de resistencia de las personas esclavizadas durante este período. Algunos no participaron en lo absoluto, otros se mostraron fervientes, pero es posible que muchos—quizás la mayoría—se encontrasen a medio camino. El testimonio de Chirino apunta que este último escenario sea el más plausible, aunque lo más probable es que los historiadores nunca lo sabrán con certeza.[161]

Juan Jesús de Lugo fue llevado a juicio en febrero de 1796, acusado de formar parte de la insurrección. En la mente de las autoridades, la clave para determinar su culpabilidad o inocencia yacía en averiguar qué hizo con los textiles y la ropa de las dos mujeres blancas adineradas que vivían en la sierra: Doña Concepción Suárez y Doña Ana Vera ¿Llegó Lugo a robar la mercancía? ¿O la escondió para mantenerla a salvo?

---

161 Perspectiva tomada del trabajo de Aisha Finch. Ver: Aisha Finch, *Rethinking Slave Rebellion in Cuba:* La Escalera *and the Insurgencies of 1841-1844* (Chapel Hill: The University of North Carolina Press, 2015), 141-167.

Suárez y Vera fueron interrogadas en la hacienda de Quitaragua, debido a la fragilidad en que se encontraban para hacer el viaje a Coro. Suárez declaró que los insurgentes la sorprendieron fuera de su propiedad y se sintió amenazada. Lugo entonces, la escoltó de regreso a su casa, aunque Suárez reconoció no estar segura de los motivos de él, aunque confirmó el relato de Lugo, quien afirmaba que entre los dos llenaron una de sus hamacas con ropa, textiles y otros objetos de valor. Ella añadió que Lugo se había llevado esta hamaca a su casa para esconderla de los rebeldes. Sin embargo, Suárez concluiría su declaración jurada con un pronunciamiento condenatorio: los rebeldes no habían agredido a Lugo fuera de su casa como este había afirmado en su declaración.[162]

La atestación de Vera contradecía a Lugo aún más que la de Suárez, al declarar que el testimonio de este era sencillamente falso. No era cierto que él había llegado a la casa de la dama durante las primeras horas de la rebelión para ayudarla a encontrar sus bienes robados. Vera afirmó que no vio a Lugo sino días después del levantamiento y fue entonces cuando este le pidió a ella un saco que él pudiera utilizar para recuperar las pertenencias perdidas de la dama. Según Vera, Lugo agregó que también tenía escondidos en su casa algunos de los baúles pertenecientes a la dama, llenos de ropa y que pronto se los devolvería a su dueña.[163]

Al igual que con Chirino, Valderrama no le creyó a Lugo. Más de un año después, en febrero de 1797, fue desterrado de Venezuela y enviado a trabajar duro en Puerto Rico.[164] Esta fue la última vez que se menciona a Lugo en documentos existentes.

Las historias de Chirino y Lugo demuestran la dualidad entre lo preciado y lo peligroso, incrustado en los textiles europeos. En Coro, sirvieron como símbolos

162 "expedientes, sublevación de esclavos" ff. 301-2.
163 Ibid.
164 "Expediente," ff. 16.

de raza y clase, con el potencial de subvertir el orden mismo que estaban destinados a cimentar. Adquirir telas europeas y ropa palaciega era uno de los principales objetivos de los pudientes quienes ansiaban adquirir estos tesoros acumulando capital con el desempeño de sus plantaciones.

Al robar y distribuir estos bienes entre ellos, los insurgentes hacían una crítica a esta polaridad, que era, esencialmente, la *raison d'être* de Coro. El acto de redistribución también sirvió como una declaración de cómo sería su nueva república. Por lo tanto, el robo de textiles y su reasignación fue una proclamación ideológica tan significativa como cualquier referencia a la Revolución Francesa.

El rol central de la tela europea en la insurrección y sus secuelas proporciona evidencia histórica de cómo la ideología y la materialidad se apuntalan mutuamente. El alto valor de cambio de los textiles europeos fue en gran parte responsable del elevado significado simbólico que adquirieron en Coro. Su alta valoración se debió a la naturaleza costosa de la producción de lino en la Europa del siglo XVIII.

Miles de campesinos en Flandes, Bretaña y Devon fueron la columna vertebral de esta industria textil. Ellos cultivaban la materia prima utilizada en las telas y para producirlas, trabajaban como hilanderos, tejedores, bataneros y muchos trabajos especializados más. La gran mayoría de estos pequeños agricultores se dedicaba a la manufactura a tiempo parcial, ya que podía procurarse una parte considerable de su subsistencia. De igual manera, un gran número de trabajadores poseía sus propias herramientas, lo que les confería la autonomía para trabajar a su propio ritmo y de acuerdo a sus necesidades individuales.

A pesar de las formas arcaicas de producción empleadas a lo largo del Atlántico del siglo XVIII, estos sistemas pudieron lograr una relación orgánica entre sí. La producción textil en Flandes y Bretaña se expandió debido al crecimiento de los mercados extranjeros, como sucedió en Coro. La economía de plantaciones de Coro creció, gracias a la mano de obra barata implementada bajo la modalidad de esclavos africanos y sus descendientes esclavizados o legalmente libres. Los africanos esclavizados eran canjeados en sus países de origen por productos europeos, especialmente, tela. Y así, la economía Atlántica regresaba a su punto de partida.

La creencia común de que el período moderno temprano puede ser caracterizado como capitalista, choca con la realidad de la producción de mercancías durante este período.[165] La concepción materialista de Marx sobre la historia del capitalismo es útil aquí, ya que explica los "estadios" históricos de la producción. Los usos ahistóricos e incontrolados del término "capitalismo" disfrazan las diferencias cualitativas entre los modos económicos. Los sistemas político-económicos dan forma a las sociedades en las que operan, pero solo pueden hacerlo dentro del marco de sus correspondientes leyes de movimiento. Esto se observa nuevamente en el proceso de manufacturación de textiles en la Europa del siglo XVIII y sus patrones de consumo en Coro.

Pero los bienes no pueden ser producidos a menos que puedan ser circulados. Para ello, dirigiremos nuestra atención a las sociedades mercantiles de Europa.

---

165 Esto no quiere decir, que dichos modos de producción y el sistema atlántico que los unió no hayan sido de alta rentabilidad cuantitativa o, más importante aún, cualitativa. El argumento sobre la importancia cualitativa se extrajo de Inikori.

Capítulo 2

Capital de las Sociedades Mercantiles

Los textiles disfrutados por los miembros de la clase dominante de Coro se encontraban disponibles gracias a los esfuerzos de tres sociedades mercantiles radicadas en Europa. La Compañía Holandesa de las Indias Occidentales (CIO), la Compañía Británica del South Sea Company (SSC) y la Real Compañía Guipuzcoana (RCG) de España no solo proveían con telas a la región; le dieron vida a la economía de plantaciones de Coro. Las corporaciones esclavizaron a miles de africanos y los destinaron al trabajo forzado de la región. Es más, las haciendas ganaderas y azucareras, donde los rebeldes detestaban trabajar, fueron construidas gracias al estímulo económico que proporcionaron estas empresas. Cuando los insurrectos mataron a las élites blancas, robaron mansiones y quemaron campos, estaban atacando un sistema de opresión cuyo núcleo se encontraba a un océano de distancia, en las capitales financieras de Europa, entre ricos accionistas, aristócratas de sangre azul y los principales comerciantes del continente.

La esclavitud—ese negocio barbárico que los revolucionarios de Coro pretendían destruir— fue producto de las maquinaciones de las sociedades mercantiles. Irónicamente, la insurrección de 1795 cobró impulso con la aprobación de una ley destinada a fortalecer la esclavitud en lugar de eliminarla.

El 31 de mayo de 1789, la Corona española emitió la "*Real Cédula sobre educación, trato y ocupaciones de los esclavos*".[166] Influenciado por el humanismo de la Ilustración, el edicto pretendía, sin eliminar la esclavitud, limitar los excesos asociados a ella. Así fue que en Coro, al igual que en todo el hemisferio, pronto correrían rumores afirmando que la Real Cédula había abolido la esclavitud. Los rumores se esparcieron que la clase dominante local mantenía a la gente como esclavos en contra de los deseos del Rey.[167] Las autoridades de Coro declararon que un misterioso itinerante negro, conocido como Cocofío, había circulado el rumor y que José Caridad González, luego de la muerte de Cocofío, había continuado difundiendo el rumor.[168]

Si González alimentó las especulaciones, probablemente lo hizo en su entorno inmediato—un barrio conocido como Guinea, nombre utilizado en el Atlántico para referirse a lo que hoy se conoce como África occidental, entre el desierto del Sahara y el Golfo de Guinea. Esa es la región del mundo donde la CIO y la SSC llevaron a cabo gran parte de sus actividades esclavistas. Sin embargo, en la ciudad de Coro, el término también se empleaba para designar la sección negra "libre" del pueblo donde vivía González.

El barrio de Guinea en Coro se encontraba a 48 kilómetros (30 millas) al sur de la sierra. Pero a pesar de la distancia, la zona estuvo vinculada a la insurrección debido a sospechosos bailes que tuvieron lugar poco antes al desencadenamiento de la rebelión. Guinea y sus celebraciones salieron a relucir en los días, semanas y meses posteriores al levantamiento, cuando funcionarios desconcertados trataban de entender cómo pudo haberse puesto en marcha esta conspiración prácticamente bajo sus narices.

---

166 Manuel Lucena Salmoral, "El original de la R.C. instrucción circular sobre la educación, trato y ocupaciones de los esclavos en todos sus dominios de Indias e Islas Filipinas," https://core.ac.uk/download/pdf/58906381.pdf.

167 Durante este período los rumores respecto a la abolición eran muy comunes. Ver David Patrick Geggus, "Slave Resistance in the Spanish Caribbean in the Mid-1790s," en Gaspar y Geggus (1997): 131-155.

168 "Expediente sobre la insurrección de los negros, zambos y mulatos proyectada en el año 1795 a las inmediaciones de la ciudad de Coro, Provincia de Caracas," 1795, Caracas, 426, AGI, ff. 84-88.

El Comandante Don Francisco Jacot estaba decidido a llegar al fondo del asunto. Como jefe de la milicia de Caracas, el distinguido líder fue enviado a Coro tan pronto llegó a la capital la noticia sobre el levantamiento. Su deber era supervisar las operaciones militares de apoyo a las fuerzas locales, encabezadas por el charlatán Don Mariano Ramírez Valderraín.

Jacot presentó una teoría que resultó estremecedora. A su regreso a Caracas, luego de haber pasado seis meses en Coro, el Capitán presentó una memoria detallada sobre su estadía allí al gobernador de Venezuela, Pedro Carbonell. La comunicación incluía 29 puntos que consideraba de suma importancia. Lo que más preocupaba a Jacot fue la conexión que logró establecer entre González, los rebeldes de Coro y nada menos que el mismo Ramírez Valderraín, el deshonrado alguacil de Coro.[169]

Jacot sospechó de Ramírez Valderraín al descubrir vínculos entre este y la comunidad de loangos de Coro. Los recelos de Jacot hacia él se despertaron apenas llegó a la región, en parte por "la groseria de que me trataba."[170] Sus reservas crecerían aún más al notar la mala opinión que la gente tenía sobre el Justicia Mayor y su forma de enfrentar la crisis.

Jacot admitió haber estado predispuesto en contra de Ramírez Valderraín al recibir una noticia que lo dejó perplejo. Todo comenzó cuando tres loangos—Felipe Guillermo, Domingo Cornelio y Francisco Castro—fueron aprehendidos, encarcelados y acusados de insurgencia. Sin embargo, Jacot consideró que su aprehensión era injustificada por ser ellos miembros de la milicia. Aparentemente, interpretó su encarcelamiento, en ese momento, como parte de la histeria anti-negro que se apoderó de Coro en los días posteriores a la rebelión. Así que Jacot ordenó que los tres hombres fueran puestos en libertad. Pero pronto lamentaría su decisión, al ser

---

169 "Sublevacion de los negros de Coro, pieza 3," 1795, Criminales, Letra C, AGN, ff. 70-84.

170 Ibid., ff. 72.

informado por vecinos que los tres hombres, Guillermo en particular, eran confidentes de González.

Jacot ordenó que volvieran a arrestar a los loangos y los colocó a cargo de Gabriel Garcés, miembro de la Milicia Parda. Jacot volvería a lamentar su decisión, al descubrir que los tres hombres caminaban por la prisión sin cadenas. Esto era un libertinaje intolerable concedido por Garcés y Jacot inmediatamente empezó a cuestionar las intenciones del carcelero.

Jacot recorrió la ciudad preguntándole a los residentes locales qué sabían respecto a Garcés. Un miembro anónimo de la Milicia Negra le comentó que el carcelero era amigo íntimo de González. De hecho, Garcés dependía del acusado autor intelectual, ya que se ganaba la vida vendiendo los cultivos que los loangos cosechaban en la sierra.

Atando los cabos sobre la conspiración, Jacot reveló que Garcés era un amigo cercano de Ramírez Valderraín. Lo cual dejaba un solo grado de separación entre el infame alguacil y González, el diabólico arquitecto de la rebelión de mayo.

Pero fue lo que Jacot reportó después lo que prácticamente confirmó sus graves sospechas. Relató una conversación que tuvo con el cura de Coro, Don Pedro Pérez, en la que el clérigo insinuó el involucramiento de Ramírez Valderraín. Pérez le dijo a Jacot: " Yo soy Sacerdote, he confesado a muchas personas, y no puedo hablar mas."[171] Pero a pesar de las reservas declaradas, continuó:

> suponga VMD que antes al levantamiento, se hacían unos Bailes, o Zambras en que se cantaban,, unos versitos muy deshonestos, y se bailaban mil obsenidades me acuerdo,, de una que dice: mas vale negro con placa, que cabeza de blanco:,,candela arriba, candela abajo, saca la macheta, corta la Caveza, come los Zamuros, beva la Aguardiena.[172]

Pérez afirmó que antes de la rebelión hubo festividades en Coro donde los negros cantaban canciones

171 Ibid., ff. 75.
172 Ibid.

amenazadoras a la vida de los blancos locales. Pero lo que dejaría conmocionado y asqueado a Jacot fue lo que reveló el sacerdote a continuación. El clérigo le informó que estas canciones se cantaban al aire libre. Acto seguido, el Capitán preguntó si Ramírez Valderraín tenía conocimiento sobre estos bailes, a lo que Pérez le respondió que sí, "porque eran públicos."[173]

Otro respetado caballero en Coro, Don Nicolás Coronado, confirmó las afirmaciones del cura. Y las letras que proporcionó fueron aún más perversas que las citadas anteriormente:

> Candela abajo candela arriba, muera lo blanco, lo negro viva: y Josef Leonardo con su pandilla, junta los Negros en Macanilla, y con su volezo de Palma Real, muera lo blanco, negro semillan: Blanco cava, negro queda para semillar, quien vivieze lo verán.[174]

La declaración de Coronado no solo corroboró que el pueblo de Guinea tenía conocimiento previo sobre la insurrección, sino que también sabía sobre Chirino y sus proyectos, y cantaba con alegría sobre la revolución que se avecinaba. Todo esto al alcance del oído de aquellos que estaban supuestos a proteger al público de hecatombes como estas.

Jacot se preocupó por estos himnos diabólicos, mientras nuevas e impactantes revelaciones se descubrían. Un tercer funcionario, Don Juan Fermín Emasavel, le confirmó a Jacot que las escandalosas canciones se cantaban en reuniones sociales y que, para colmo, Ramírez Valderraín también asistía a estas fiestas como participante activo. De ser cierto esto, el alguacil sería en el peor de los casos un insurgente y en el mejor de los casos, un tonto incompetente.[175]

---

173 Ibid.

174 Ibid.

175 Ver: Pedro A. Gil Rivas, Luis Dovale Prado and Lidia Lusmila Bello, *La insurrección de los negros de la serranía coriana: 10 de mayo de 1795* (Caracas: Ministerio de Educación Cultura y Deportes, 2001); Ramón Aizpurua, "Revolution and Politics in Venezuela and Curaçao, 1797-1800" in *Curaçao*

Las canciones cantadas por los negros traídos a Coro por las sociedades mercantiles pueden haber sido delirios de la sobrecogida y alterada élite blanca, pero más evidencia vincula las melodías a Chirino y a los rebeldes de la sierra. En septiembre de 1795, la dueña de una plantación, Doña Nicolosa de Acosta describió como fue abusada por los insurgentes, robada de sus pertenencias, así como incendiados su casa y sus campos. En un momento, comentó de Acosta, se encontró cara a cara con Chirino y dos hombres más. Los rebeldes le dijeron que "no havia de quedar blanco baron, ni para semilla, que las hembras se havian de acomodar a sus nuevas leyes, que ya no havia esclavitud, ni alcabalas."[176]

El relato de De Acosta demuestra el uso por parte de los insurgentes del vocablo "semilla" para describir tanto la nueva sociedad que sería construida como la reproducción literal del linaje africano que sucedería como consecuencia. Su testimonio reitera el uso de la palabra "semilla" dentro de las rimas cantadas en Guinea antes de la insurrección; en estos coros, la semilla negra se contrapone a la semilla blanca que pronto será eliminada. La declaración de la terrateniente también valida las alegaciones hechas por blancos pudientes que los rebeldes de Coro habían planeado "casarse con las blancas." Aunque declaraciones como estas fueron el reflejo de los miedos más irracionales y horribles de los plantadores, puede que haya habido algo de verdad en ellas.

Da la impresión que los rebeldes de Coro no planeaban tanto casarse con las blancas como permitirles vivir en

---

in the Age of Revolutions, 1795-1800, ed. Wim Klooster and Gert Oostindie (Leiden: KITLV Press, 2011), 97-122. Algunos historiadores de la rebelión de 1795 han cuestionado la narrativa oficial que acusa a Gonzales como autor intelectual de la insurrección. Un historiador ha sugerido la improbabilidad de que Gonzalez, nacido en África y líder de una comunidad de Africanos nativos, haya conspirado con un rebelde venezolano como lo fue Chirino y con el contingente de mayoría *criolla* de la Sierra. La canción citada anteriormente, coreada en la ciudad por miembros de la comunidad Guinea, contradice las opiniones de estos historiadores, sin embargo, sugiere que posiblemente las divisiones entre *bozal* y *criollo* hayan sido exageradas.

176 "Expediente sobre la insurrección," ff. 291.

su nueva sociedad. Es muy probable que la idea hubiese sido que adoptasen roles similares a los asumidos por las negras.[177] Debido a que las blancas representaban castidad, honor y belleza en Coro, es posible que algunos insurgentes las hubiesen preferido. Por no ser consideradas una amenaza, como lo sería un hombre blanco, es factible que los insurgentes les perdonaran la vida.

De Acosta regresó a su hacienda días después, solo para encontrar una sombra de lo que solía ser su hogar. Gran parte de su caña estaba destruida. Sus textiles, ropa, vajilla y herramientas ya no estaban y su ganado estaba diezmado. De Acosta no fue la única víctima. A los terratenientes Don Josef Antonio Zárraga, Don Joséf de Tellería y Don Francisco de Manzanos también les destruyeron sus casas y sembradíos de caña, así como robaron sus objetos de valor.

Las plantaciones de azúcar ahora devastadas, eran el producto de más de un siglo de trabajo preparatorio por las sociedades mercantiles europeas. Estas empresas construyeron la sociedad en la que los rebeldes de Coro esperaban sembrar la semilla de una nueva civilización, una en donde no existiría la clase dominante blanca y donde los trabajadores negros gobernarían en su lugar.

Este capítulo examinará tres de las principales compañías que dieron forma al Coro del siglo XVIII: La CIO, la SSC y la RCG. Mostrará como los revolucionarios de la región estaban actuando en contra de una economía política local que se resistía obstinadamente a la reforma, debido a que estaba incrustada en un proyecto político y económico mucho más amplio, interesado en su inmutabilidad. Esta empresa atlántica servía a varios grupos de intereses dispares, pero cuyos objetivos convergían en lo relativo a la acumulación de capital y la expansión de la supremacía blanca.[178]

---

177 Ver el próximo capítulo para una discusión sobre el rol de las mujeres negras en África y en las comunidades de esclavos fugitivos de las Américas.

178 Mi uso del término "supremacía blanca" está inspirado principalmente por los dos siguientes trabajaos: Charles W. Mills, "Revisionist Ontologies:

La Compañía Holandesa de las Indias Occidentales

Si alguien detestaba a España, era Willem Usselincx, comerciante de origen noble, renombrado intelectual y prolífico panfletista. Nacido en un linaje de piadosos y adinerados comerciantes calvinistas, Usselincx, llevó a su ya prominente familia a nuevas alturas cuando se convirtió en el cerebro maestro detrás de la prestigiosa Compañía Holandesa de las Indias Occidentales (OIC).

Nacido en Amberes en 1567, Usselincx se vio obligado a emigrar a Middelburg durante la Guerra de los Ochenta Años (1568-1648), después de que la ciudad fue tomada por España en 1585. Impulsado por el odio y el deseo insaciable de acumular riquezas, Usselincx propuso la creación de una sociedad mercantil que operase en las Américas. Sus objetivos serían: reclamar el lugar de los protestantes holandeses en el lucrativo saqueo de África y América, iniciar operaciones en el comercio atlántico esclavista y establecer colonias en el hemisferio occidental. La OIC de Usselincx atacaría al archienemigo de la floreciente República Holandesa en su punto más álgido—sus bolsillos.[179]

Irónicamente, los esfuerzos de la OIC ayudaron a desarrollar a Venezuela, una de las colonias más prósperas de su rival. La compañía gobernaba Curazao, una isla pequeña pero emprendedora, que dominaba la economía de Coro. Curazao, cedida por España en 1634, se encuentra a solo 96 km (60 millas) de la costa de Coro, lo que permitía a los comerciantes de la isla importar ilegalmente gran parte de los productos agrícolas de esa región mientras la proveían de productos europeos.

Theorizing White Supremacy," *Social and Economic Studies* 43: 3 (1994): 105-34; Jemima Pierre, *The Predicament of Blackness: Postcolonial Ghana and the Politics of Race* (Chicago and London: The University of Chicago Press, 2013).

179 Henk Heijer, *De Geschiedenis Van De Wic* (Zutphen: Walburg Pers, 2007), 21; C.R. Boxer, *The Dutch Seaborne Empire, 1600-1800* (London: Hutchinson, 1965); Simon Schama, *The Embarrassment of Riches: An Interpretation of Dutch Culture in the Golden Age* (Berkeley and Los Angeles: The University of California Press, 1988).

La compañía también creó el ethos africano de Coro a través del suministro constante de personas esclavizadas. Algunos de estos individuos participaron en la rebelión y muchos de los insurgentes eran descendientes de aquellos que fueron traídos por las actividades de la CIO. La empresa colapsó cuatro años antes de la insurrección de 1795, pero no antes de que sus prácticas construyesen el sistema de plantaciones de Coro.

Los Estados Generales de los Países Bajos establecieron la CIO en 1621, al final de su tregua de 12 años con España. La primera CIO quebró en 1674. Pero a través de la coerción y las manipulaciones financieras, se formó una segunda CIO con el capital muerto de la primera compañía.

Los principales intereses de la corporación yacían en el comercio de esclavos y en el control de las colonias caribeñas. Durante el siglo XVIII, la CIO era dueña de diversos fuertes esparcidos a lo largo de la costa occidental de África desde donde desarrollaba su comercio de esclavos. En el Gran Caribe, la empresa manejaba varias plantaciones y territorios comerciales, siendo Curazao la joya de la corona.

Usselincx fue uno de los primeros accionistas de la empresa que él visualizaba. A inversores como él les atraía la CIO, no solo por su monopolio del comercio holandés de esclavos, sino también por sus potenciales operaciones comerciales en las Américas. Estas empresas, pensaban ellos, sin duda alguna serían lucrativas. Durante la fase inicial de la compañía, a los accionistas también les atrajo la idea de misiones para saquear los traslados marítimos de lingotes de los españoles e importantes logros en 1628 y 1646 los alentaron. Por añadidura, a los financistas les gustaba la CIO debido a que las inversiones eran consideradas seguras, gracias al patrocinio del estado, los subsidios gubernamentales y la garantía de dividendos regulares.[180]

---

180 P.C. Emmer, "The West India Company, 1621-1791: Dutch or Atlantic?" in *Companies and Trade: Essays on Overseas Trading Companies during*

El interés de los Estados Generales en la CIO se complementó con aquel de los accionistas. Ante al enorme éxito de su primera sociedad mercantil, la Compañía Holandesa de las Indias Orientales (CIOR), consideraron que la CIO tenía el mismo potencial para generar ganancias similares. Además de servir como instrumento de guerra contra España, los Estados Generales también sabían —como lo explican los trabajos de Usselincx— que una sociedad mercantil era imprescindible para agrupar los recursos requeridos por estos emprendimientos atlánticos.

Tomó varios años reunir suficiente dinero para comenzar operaciones y la salud financiera de la primera CIO fluctuaría hasta su hundimiento en 1674. El valor de las acciones de la empresa se encontraba en 115% para 1628 y alcanzó un máximo de 206% al año siguiente. Pero en 1633, el precio de las acciones cayó al 61% de su valor nominal y para 1638 se vendían consistentemente por debajo de este precio.[181] Ese mismo año la CIO perdió parte de su monopolio sobre el comercio atlántico, pero logró mantener los derechos exclusivos sobre el comercio holandés de personas esclavizadas, así como de otras mercancías rentables, entre ellas municiones y madera del Brasil.[182]

Este ajuste puede haber ayudado a que el valor de las acciones aumentara en los años siguientes, pero en la década de 1670 quedó claro que la compañía no podía seguir operando como acostumbraba. Los directores de la CIO concluyeron que estaban perdiendo dinero por la competencia con comerciantes ilegales de esclavos en África occidental y centro-occidental. Creían que si llegaban a recaudar un millón de florines serían capaces de asestar golpes a estos intrusos y recuperar el control del ignominioso comercio.[183]

---

the Ancien Régime (Leiden: Leiden University Press, 1981), edited by L. Blussé and F. Gaastra, 76.

181 J.G. Van Dillen, "Effectenkoersen aan de Amsterdamsche beurs, 1723-1794," *Economisch-Historisch Jaarboek* 17 (1931): 1-46.

182 Emmer, 79.

183 Heijer, 107.

Incapaz de recaudar un millón de florines, la CIO recurrió a la extorsión. La compañía se disolvió y se estableció una segunda CIO utilizando el capital de la primera. Se autorizó a los accionistas a transferir de la primera compañía a la segunda el 15% de sus acciones nominales, pero se vieron obligados a darle en efectivo a la nueva firma un equivalente del 4% de sus activos. De manera similar, los propietarios de bonos podían transferir el 30% de sus inversiones a la nueva empresa si le entregaban el 8% de sus acciones en efectivo. Si las partes interesadas no aceptaban estas condiciones, perdían sus acciones en la CIO.[184] La corporación recaudó 1.2 millones de florines a través de esta maniobra, superando así el millón estimado por ellos para renovar su comercio. Este fue el dinero en efectivo que la segunda CIO utilizó para comenzar sus operaciones.[185]

La transición de la primera compañía a la segunda se dio con algunos cambios estructurales en su gestión. Cuando se inauguró la compañía, ésta tenía cinco cámaras regionales: Ámsterdam, Zelanda, Rotterdam, Noorderkwartier (un termino histórico que se refiere a la región del norte de la antigua Provincia de Holanda) y Groningen. Cada sección elegía a sus principales accionistas como miembros del *Heren XIX*, la junta directiva de la compañía.[186] En la segunda CIO, las cámaras no experimentaron cambios, pero la junta si se redujo a 10 miembros.

Al igual que previamente, los directores de la compañía eran elegidos por *bewindhebbers*, accionistas que supervisaban las operaciones diarias de su provincia. Los bewindhebbers eran electos por y entre los *hooftparticipaten*—inversores principales de cada cámara. En la cámara de Ámsterdam, los hooftparticipaten eran aquellos que tenían 4.200 florines invertidos en la compañía, mientras que los miembros pertenecientes

---

184 Cornelis Goslinga, *The Dutch in the Caribbean and in the Guianas, 1680-1791* (Assen: Van Corcum, 1985), 4.

185 Emmer, 81.

186 Boxer, 48.

a otras cámaras tenían un mínimo de 2.800 florines en acciones. El *Upperbewindhebber* era Guillermo IV de Orange. Técnicamente tenía la última palabra en los asuntos, sin embargo, en la práctica estaba apartado de las actividades cotidianas.[187]

Los bewindhebbers eran la columna vertebral de la CIO, responsables por cada acuerdo. A cambio de su servicio, recibían una comisión del 10% sobre todos los dividendos. Muchos de los bewindhebbers tenían inversiones en el comercio atlántico no monopolizado por la CIO y, por lo tanto, utilizaban su condición de inversores para obtener información interna y privilegiada sobre las condiciones del mercado. De forma importante, también les atraía el prestigio otorgado por el cargo.[188]

Paradójicamente, cuanto más lograba la CIO, más privilegios perdía. La empresa comenzó como un fuertemente armado poseedor del monopolio de todas las actividades comerciales holandesas en el Atlántico. Como se indicó anteriormente, la compañía perdió parte de este monopolio en 1638, pero mantuvo el control sobre un numero de sectores comerciales, siendo el más significativo el comercio de esclavos. La CIO conservo los derechos exclusivos sobre los negocios holandeses en África hasta 1730, momento en que el tráfico de personas esclavizadas se abrió a emprendimientos privados. Finalmente, en 1734 el conglomerado perdió su monopolio sobre la compraventa de todas las demás mercancías africanas.

Desde este momento hasta el deceso de la compañía en 1791, la CIO sirvió como una entidad administrativa del gobierno que operaba bajo la ayuda del capital privado. El último medio siglo de vida de la CIO estuvo dedicado a apoyar empresas privadas holandesas en el Atlántico.[189] Por lo tanto, los esfuerzos de la CIO en forzar la apertura de nuevos mercados para los intereses

187 Heijer, 117.
188 Ibid.
189 Ibid., 180.

económicos holandeses fueron exitosos y sus actividades comerciales se hicieron superfluas.

La CIO en África

Conscientes de ello o no, los comerciantes privados holandeses dependían de la CIO. Para sus actividades esclavistas, la presencia de fortificaciones de la empresa a lo largo de la costa occidental de África fue clave. Del siglo XVII al XIX, los holandeses mantuvieron una docena de fortalezas a lo largo de la Costa de Oro, proporcionando a comerciantes holandeses privados las personas esclavizadas para completar sus cargas. Estos fuertes y su personal también suministraban a los comerciantes provisiones y mercancías que pudiesen ser traficadas.[190] Fuertemente armados, brindaban también protección a los mercaderes en caso de necesitarla. Igualmente, proveyeron legitimidad a los comerciantes holandeses, necesaria para negociar con los indígenas.

Al igual que sus rivales europeos, los holandeses comerciaban en personas esclavizadas a lo largo de toda la costa occidental de África y, en menor medida, en la costa oriental. Tomadas en conjunto, la Costa de Oro de Guinea y la Costa Loango de África centro-occidental conformaban el 54,3% del total de las personas esclavizadas transportadas por la CIO entre 1700 y 1738. También constituyeron el 47% del número total de personas esclavizadas transportadas por comerciantes holandeses durante el período de "libre comercio" (1730-1803).[191]

La presencia imperial de los Países Bajos en la Costa de Oro comenzó a finales del siglo XVI, cuando comerciantes independientes empezaron a hacer negocios con líderes

190 Ibid., 124.

191 Johannes Postma, *The Dutch in the Atlantic Slave Trade, 1600-1815* (Cambridge and New York: Cambridge University Press, 1990), 114-121. Si embargo, es importante señalar, que este último período es bastante impreciso, dado que los barcos con destinos desconocidos representan un 33,6% de los registros consultados por Postma.

indígenas. Algunas décadas después, la CIO se convertiría en el principal actor holandés en la región, abriendo grandes brechas como parte de su ofensiva contra las reclamaciones de los portugueses católicos en la costa.

En 1637, la CIO se apodero del fuerte de los Iberos ubicado en Elmina, que luego se convertiría en centro de operaciones de la CIO para todo el continente. Elmina, la fortaleza activa más grande de la Costa de Oro durante el período protocolonial, estaba altamente reforzada con cañones colocados sobre enormes muros de piedra, aparentemente impenetrables, que rodeaban la fortificación.[192]

La mitad del personal de la CIO ubicado en África se alojaba en Elmina. Esta fuerza laboral osciló entre 200 y 400 personas durante el tiempo de vida de la compañía. El Director General era líder del consejo de toma de decisiones, que incluía personal militar de alto rango. La mayoría de los empleados de la CIO eran soldados que, junto con marineros y artesanos, constituían cuatro quintos de la fuerza laboral de la compañía en el continente. El resto del personal era administrativo.[193]

Este ejército dio a la CIO una mayor influencia a la hora de negociar con grupos indígenas y permitió a las Provincias Unidas asumir una porción considerable del comercio en la Costa de Oro. Antes de principios del siglo XVIII, este intercambio consistía en una variedad de productos africanos, principalmente oro, que se cambiaban por una gama de mercancías europeas y asiáticas, principalmente textiles.

La CIO pagaba por el alquiler de la tierra donde se erguía el castillo Elmina. Le daban al rey de los asantes seis onzas de oro mensuales, generalmente en forma de telas que equivalían a esa cantidad. A cambio de este pago, los asantes garantizaban la protección de los

---

192 El término protocolonial es tomado de Walter Rodney. Ver: Walter Rodney, *A History of the Upper Guinea Coast: 1545-1800* (New York: Monthly Review Press, 1970).

193 Ibid., 64.

Gezicht op Elmina (Vista de Elmina) (1706)
Nationaal Archief, Dominio Publico

holandeses en Elmina y su presencia continuada. Igual de importante, este *kostgeld*, como lo llamaban los holandeses, aseguraba un flujo entrante estable de personas esclavizadas, regularmente traídas al castillo en masa.[194]

Después de que la CIO perdiera su monopolio sobre el comercio holandés de esclavos, su papel fue el de brindar apoyo militar y comercial a los mercaderes de los Países Bajos. La compañía privada más grande era la Compañía Comercial de Middelberg (CCM), responsable de hasta tres cuartas partes del comercio holandés independiente en África después de 1730.[195]

En ningún lugar participó la CCM de manera más activa que en la Costa Loango, a más de 800 km (500 millas) al sur de la Costa de Oro.[196] Los holandeses se aventuraron

---

194 Larry W. Yarak, *Asante and the Dutch, 1744-1873* (New York: Oxford University Press, 1990), 96-133.

195 Postma, 132. La región de Zelanda fue responsable del 77% del comercio africano durante el período, a su vez, la MMC era la compañía dominante.

196 Stacey Jean Muriel Sommerdyk, "Trade and the Merchant Community of the Loango Coast in the Eighteenth Century" (Ph.D. diss.: University of Hull, 2012), 115.

por primera vez en la región en 1593 y permanecieron activos hasta el siglo XIX. El territorio, también conocido como Angola por los comerciantes europeos, se extendía 740 km (460 millas) a lo largo de la costa centro-occidental de África, por debajo del Cabo López y arriba del río Congo. Loango también era el nombre del grupo dominante en la región hasta principios del siglo XVIII.[197]

En la década de 1660, la CIO estableció una cabaña en la Costa Loango, pero grupos indígenas forzaron su cierre en 1686.[198] A partir de entonces, los comerciantes de la CIO, así como sus rivales europeos, tendrían que arreglárselas por sí mismos sin la protección de castillos o refugios. Los comerciantes holandeses negociaban más con comerciantes indígenas independientes que con representantes estatales. De hecho, 593 mercaderes de la Costa Loango llegaron a comerciar con la CCM entre 1732 y 1797. Se trataba de pequeños agentes: el 85% de ellos intercambiaba un promedio menor a una persona esclavizada al año.[199] Estos intermediarios adquirían personas esclavizadas a través de proveedores indígenas. La mayoría de estos cautivos eran secuestrados en la costa, aunque algunos eran capturados en el interior, pasando la selva tropical de Mayombe.

Cuando los intermediarios terminaban la compra de las personas, estas eran transportadas hacia el litoral para su venta. El comandante de una nave holandesa disparaba los cañones desde su barco en alta mar. Un comerciante indígena, junto a sus trabajadores, guiaban al capitán hacia un puesto de anclaje. Una vez fondeado el barco, el comerciante loango lo abordaba para coordinar los términos del intercambio. Ya acordados los detalles de la negociación, el capitán holandés bajaba a tierra firme para cerciorarse de la disponibilidad de personas esclavizadas y contratar trabajadores indígenas para la construcción de una base temporal.

197 Ibid., 37-42.
198 Postma, 60.
199 Sommerdyk, 162.

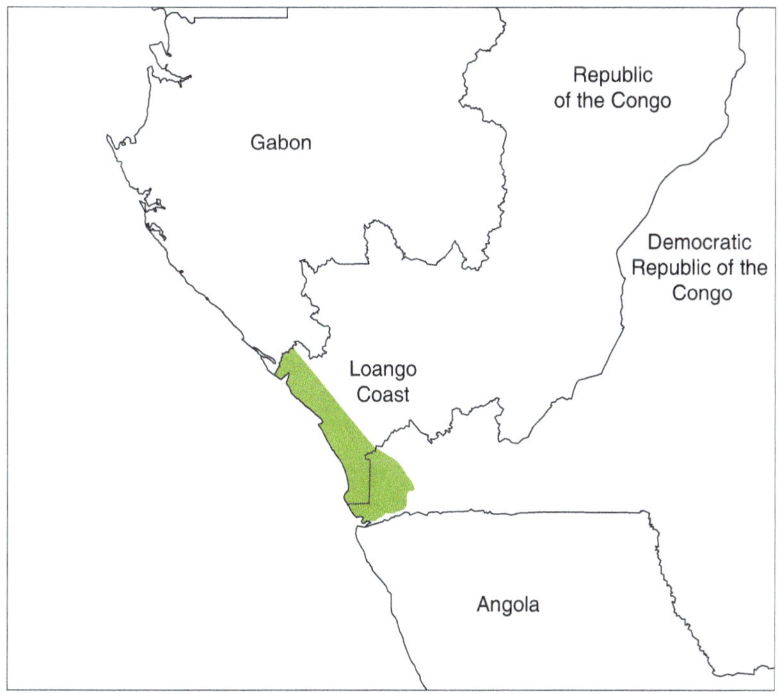

Mapa de la Costa de Loango.

Era desde este puesto donde se finalizaban los asuntos comerciales.[200] Los esclavistas holandeses podían pasar semanas o meses anclados frente a la costa mientras nuevos cargamentos humanos eran embarcados de forma intermitente.

Las personas esclavizadas eran adquiridas de manera más formal en la Costa de Oro, donde la CIO mantenían muchos fuertes. Cada fortaleza contrataba un *caboceer*, un intermediario local. Por lo general, se trataba de un individuo que vivía en las pequeñas comunidades comerciales que se encontraban fuera de los muros de la ciudadela. El trabajo del caboceer era servir como intérprete y cobrar deudas pendientes.

200 Sommerdyk, 175-9

Una vez compradas, las personas esclavizadas eran encerradas en una mazmorra ubicada debajo de la fortaleza. Las malas condiciones sanitarias de estos calabozos causaban mucha angustia, enfermedades y muerte. Hasta 1730, la CIO retenía personas en estas prisiones mientras esperaban la llegada de los barcos de la compañía que venían a recogerlas.

Después de 1730, la mayoría de las personas esclavizadas eran adquiridas de manera independiente y embarcadas en barcos privados. Pero las fortalezas seguían jugando un papel clave, ya que casi siempre eran la última parada de los viajes esclavistas holandeses. Los castillos de la CIO proporcionaban a los comerciantes privados provisiones y mercancías esenciales, incluidos los últimos cargamentos humanos que necesitaban para cruzar el Atlántico.[201]

La Travesía del Atlántico era un viaje peligroso, especialmente abominable para las personas esclavizadas a bordo. En los barcos holandeses, era costumbre encadenar juntos a los hombres en los *slavegaaten* o ergástulas. Las mujeres y los niños eran mantenidos en la cubierta; no es difícil imaginar que allí eran más fácilmente presa de las torturas sexuales de sus transportadores. Las personas esclavizadas eran alimentadas dos veces al día, a las 9 a.m. y las 5 p.m, y los hombres en el slavegaaten eran llevados regularmente a cubierta para tomar aire fresco y hacer ejercicio. De vez en cuando, las tripulaciones holandesas organizaban fiestas en las que las personas esclavizadas cantaban, bailaban y tocaban instrumentos. Estas prácticas se consideraban esenciales para minimizar la pérdida de vidas. Pero la muerte era inevitable. Entre 1700 y 1739, casi el 18% de las personas esclavizadas llevadas a bordo de los barcos de la CIO morían en tránsito.[202]

---

201 Emmer, 46.
202 Ibid., 240.

El comercio caribeño y el declive de la CIO

En el Caribe, la CIO administraba los almacenes insulares de San Eustaquio y Curazao. La presencia militar de la compañía, así como su desempeño, hizo posible que los comerciantes holandeses pudiesen reclamar sus derechos en la región. Las islas donde operaba la CIO también ayudaron a la madre patria a beneficiarse del lado de la oferta del comercio de esclavos, así como de la adquisición de productos caribeños que eran vendidos en Europa.

La mayoría de las personas que sobrevivían la Travesía del Atlántico con los traficantes holandeses terminaban en Curazao. Una vez allí, eran vendidos a dueños de plantaciones provenientes de lugares como Coro. En los primeros 30 años del siglo XVIII, la CIO trajo a casi 20.000 personas esclavizadas a la isla. Para el momento de la insurrección, el comercio de esclavos a través de Curazao había disminuido considerablemente, aunque todavía seguía activo.[203]

Pero las personas esclavizadas eran solo una de las muchas mercancías que se traficaban entre Curazao y Coro. La mayor parte del comercio entre las dos regiones era ilegal bajo la legislación española, por lo que es difícil registrar exactamente cuánto comercio hubo entre ellas. En 1778, sin embargo, se incorporaron varias leyes de "libre comercio" en las colonias americanas de España, incluida la Capitania General de Venezuela.[204] Uno de los decretos permitía que ciertos productos fuesen negociados con determinadas potencias extranjeras. Las medidas estaban destinadas a mejorar el acceso a personas esclavizadas y a dinero en especie, dos artículos en demanda que les costaba mucho conseguir a los terratenientes venezolanos. En 1783, la Real Hacienda de Coro comenzó el registro del recientemente legalizado comercio foráneo, lo cual es representativo del balance en general de negocios entre Coro y Curazao.

---

203 Ibid., 54.

204 Antes de esta fecha, la Provincia de Venezuela estaba bajo jurisdicción de Nueva Granada

Los datos referentes a las importaciones de Curazao están actualmente disponibles para los períodos de 1788 a 1790 y de 1793 a 1794.[205] Según las leyes de libre comercio, solo personas esclavizadas y dinero en especie podían ser importados de colonias extranjeras, pero las autoridades de Coro también registraron otros bienes.[206] La gran mayoría de las importaciones registradas eran de herramientas utilizadas en la producción de las plantaciones. En los cinco años documentados, los comerciantes de Coro importaron 1.501 pesos en azadas, 982 pesos en machetes y 672 pesos en cuchillos. Por alguna razón, las autoridades de Coro no registraron las importaciones de personas esclavizadas o dinero en especie, lo cuales eran presuntamente los productos que entraban a Coro a cambio de las exportaciones de la región. La única excepción ocurrió en 1793, cuando las autoridades de Coro documentaron la importación de 713 pesos en monedas de plata, lo que representaba el 27% de las importaciones de ese año, cifra solo superada por las azadas, que representaron el 34,48% de las importaciones.[207]

Los datos sobre las exportaciones están más completos y disponibles para los periodos de 1788 a1790 y

---

205 "1788, pliego 3," Caracas 578, AGI; "1788, pliego 4," Caracas 578, AGI; "1788, pliego 5," Caracas 578, AGI; "1789, pliego 3, Caracas 578, AGI; "Libro manual de la Real Caja del Departamento de Coro," Caracas 579, AGI; "1792, pliego 4," Caracas 580, AGI; "1793, pliego 2," Caracas 580, AGI; "Libro manual de las Reales Cajas del Departamento y Ciudad de Coro," Caracas 581, AGI.

206 Eduardo Arcila Farías, *Economía colonial de Venezuela* (México: Fondo de Cultura Económica, 1946), 307-9

207 "1788, pliego 3," Caracas 578, AGI; "1788, pliego 4," Caracas 578, AGI; "1788, pliego 5," Caracas 578, AGI; "1789, pliego 3, Caracas 578, AGI; "Libro manual de la Real Caja del Departamento de Coro," Caracas 579, AGI; "1792, pliego 4," Caracas 580, AGI; "1793, pliego 2," Caracas 580, AGI; "Libro manual de las Reales Cajas del Departamento y Ciudad de Coro," Caracas 581, AGI. Puede ser pertinente señalar que 1793 fue un año extraordinario para las importaciones registradas, dado que el valor total documentado por las importaciones provenientes de Curazao (2,639.5 pesos) fue considerablemente más alto que aquellos de años pasados, donde se vio un mínimo de 339 pesos en 1788 y un máximo de 779 en 1794.

de 1792 a 1794. Gran parte de las ventas realizadas por Coro a la isla se efectuaban en productos azucareros, en su mayoría bajo la forma de panelas, bloques de azúcar cruda. En estos seis años, los comerciantes de Coro vendieron 30.893 pesos de este producto, lo que representó más del 50% de todas las exportaciones dirigidas a la isla. Los cueros de vaca eran el segundo producto más comercializado, totalizando un valor de 12.116 pesos, equivalente al 19.68% del total de los envíos. El tercer puesto lo ocuparon las vacas y los terneros, exportados por un valor de 4.784 pesos, representando el 7,77% de las exportaciones. Las ventas restantes fueron en madera del Brasil y pieles de ciervo, oveja y cabra, seguidas de diversos productos animales, como pescados y tortugas.[208]

---

208 Ibid. Estas cifras presentan algunas inexactitudes. Para empezar, cuando las exportaciones documentadas por la Real Hacienda de Coro se comparan con las del Registro Diario de Curazao, se demuestra que los comerciantes de Coro a veces llegaban a la isla con bienes no reportados al zarpar de Coro. Por ejemplo, en enero de 1792, se registró que Don Francisco Lucambio exportaba panelas desde Coro, pero al ser documentado este cargamento en Curazao, las autoridades de la isla evidenciaron que Lucambio también había importado pieles de animales.

Otro problema con los datos es que el contrabando todavía era común durante este período, a pesar de la legalización de algunos intercambios. Por ejemplo, entre enero y junio de 1792, el puerto de Willemstad en Curazao registró 18 embarcaciones que zarparon desde Coro, mientras que la Real Hacienda de este último sólo registró 14 envíos a la isla. Es probable que algunos de estos importadores fuesen de Curazao y realizasen su comercio frente a la costa de Coro, debido a que sus nombres no aparecen en ninguno de los otros registros de Coro.

A pesar de estas imperfecciones, los datos detallan el comercio entre Coro y Curazao, y en el proceso reescriben algunos aspectos de la historia venezolana. Las panelas constituían la mayoría de las exportaciones de Coro a Curazao, demostrando así, la dependencia que tenían las plantaciones de azúcar de la sierra respecto al mercado ofrecido por Curazao. Esta evidencia contradice el entendimiento común en la historiografía de que la producción de azúcar venezolana estaba orientada exclusivamente hacia el mercado interno.

Estas cifras también revelan la estructura de la actividad económica en Coro. Si las exportaciones de piel de vaca se combinan con el envío de los propios animales, totalizarían 17.519,5 pesos o el 30.34% de los envíos a Curazao. Esto hace de los productos ganaderos el segundo sector más grande de la producción doméstica destinada para los mercados de Curazao. Junto

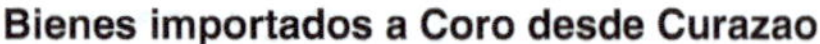

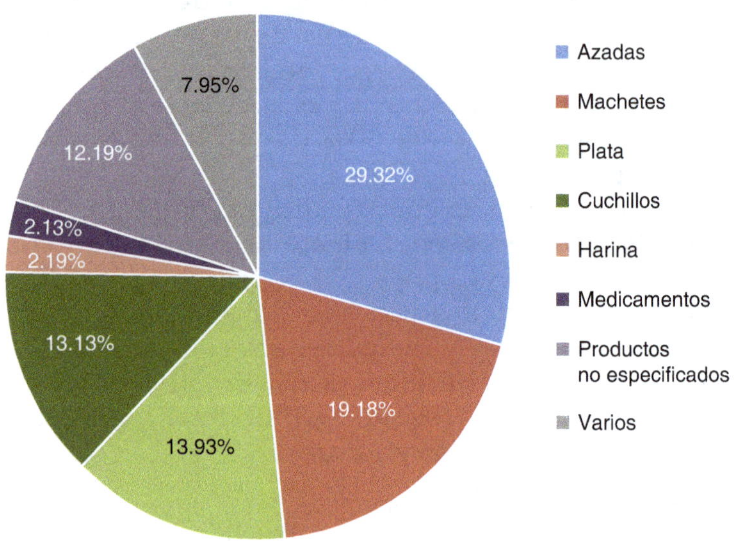

A pesar de sus actividades en África y el Caribe, la CIO estaba luchando por mantenerse a flote. En 1785, se nombró una comisión para auditar la empresa. Recomendaron a la compañía pedir un préstamo de 150.000 florines para pagar sus deudas pendientes. También sugirieron que el estado subsidiase a la compañía con 250.000 florines anuales hasta la expiración de su estatuto en 1791.[209] La compañía se disolvió una vez terminado su contrato. Los Estados Generales compraron las acciones de la compañía al 30% de su valor nominal, aunque estaban cotizadas al 22%.[210] En noviembre de 1792, las Provincias Unidas establecieron el Consejo de Colonias, que asumió las funciones administrativas de la CIO en África y el Caribe.[211]

---

con el azúcar, los artículos bovinos representaron más del 84% de todo el comercio hacia Curazao. El azúcar y los productos ganaderos eran seguidos por la madera del Brasil, que llegó al 6%.

209 Goslinga, 599.

210 Heijer, 187.

211 Goslinga, 606.

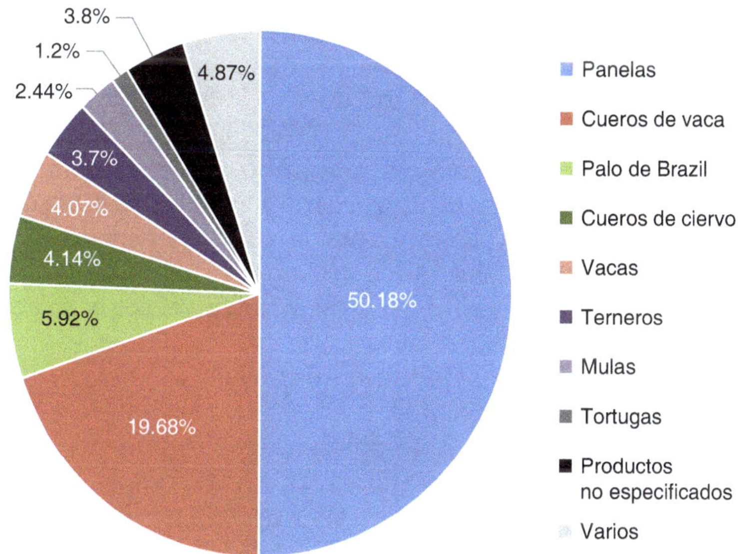

A lo largo de sus 170 años de funcionamiento, la CIO moldeó gran parte del mundo atlántico, incluido el Coro que implosionó en 1795. A través de su comercio de africanos esclavizados, así como su facilitación de esta práctica depravada, la CIO fue responsable de transportar a los rebeldes de Coro y a sus antepasados a un destino que odiaron. El manejo de la compañía sobre Curazao también impulsó el sistema de plantaciones de la región. Aunque la CIO ya no existía para 1795, ya había propulsado los intereses de la clase dominante holandesa y hecho mucho para alimentar la ira de los revolucionarios de Coro.

The South Sea Company

Al día siguiente de proponer al Parlamento que Inglaterra estableciese una sociedad mercantil para comerciar en los mares del sur, Robert Harley, Canciller de la Hacienda, fue apuñalado dos veces en el pecho. El 8 de marzo de 1711, un espía francés bajo el nombre de

Marqués de Guiscard apuñaló al Miembro del Parlamento, justo cuando Harley lideraba la imputación en contra del noble por traición.

La tensión entre los reinos de Francia y Gran Bretaña era palpable, ya que los dos se enfrentaron en la Guerra de Sucesión Española (1701-1714). De Guiscard vivía exiliado en Londres, conspirando para derrocar al gobierno francés con el apoyo financiero y político de sus anfitriones. Pero Harley afirmó haber tropezado con pruebas condenatorias que implicaban a de Guiscard como doble agente. Lo acusó de vender secretos a su patria original y, en un ataque de ira, de Guiscard lo apuñaló durante el procedimiento inicial del juicio.

Sin embargo, Harley sobrevivió a sus heridas, lo cual favoreció la carrera de este político oportunista, ya que el incidente propulsó su perfil a nuevas alturas. El altercado también ayudó a lanzar el proyecto predilecto de este magnético personaje: la South Sea Company (SSC).

Fundada en 1711, la SSC se estableció como medio para adquirir el codiciado *asiento* de la Corona Española. Este contrato otorgaba a los signatarios el derecho exclusivo de proporcionar africanos esclavizados a las colonias americanas de España. El Asiento era un premio sin parangón en el período moderno temprano, ya que confería a las compañías acceso legal a los enormes mercados de España en las Américas—mercados a los cuales no tenían acceso los demás extranjeros.

Cuando se fundó la SSC se esperaba que la guerra entre Inglaterra, por un lado, y España y Francia, por el otro, terminaría pronto. Se asumía que un acuerdo de paz entre las partes opuestas incluiría la entrega de los derechos de Asiento a Gran Bretaña. Dichas hipótesis demostraron ser ciertas cuando la SSC recibió oficialmente el convenio en 1713.

Aunque la compañía de Harley se estableció para dedicarse al comercio de esclavos, el propósito de la SSC era de naturaleza fiscal. Cuando Harley propuso crear la compañía, argumentó que se necesitaba de una corporación como ésta para reestructurar la creciente deuda de Inglaterra. Se pensaba que estas obligaciones debilitarían de manera crítica a la fuerza militar del país. Subrepticiamente, la compañía también se había concebido como un esquema proto-Ponzi fraudulento en el que sus proponentes primarios podían ganar bastante. Esta peligrosa fórmula provocó la burbuja financiera de 1720 en Londres y su estallido, haciendo responsable a la SSC de una de las primeras y más devastadoras caídas del mercado de valores jamás registradas.

La SSC y la Corona Británica pudieron lograr sus objetivos financieros a expensas de 75.000 africanos que fueron esclavizados y enviados a Hispanoamérica entre 1715 y 1739. Alrededor del 7% de ellos fueron enviados a Venezuela. Muchos de estos trabajadores esclavizados terminaron en Coro y se convirtieron en los antepasados de los revolucionarios de 1795.[212]

El Comercio de Personas Esclavizadas

La SSC llegó tarde a las actividades esclavistas de Inglaterra y así se benefició del trabajo legado por sus predecesores. Inglaterra primero estableció una entidad dedicada al comercio de esclavos africanos en 1660, la Company of Royal Adventurers Trading to Africa. Esta corporación sería reorganizada y rebautizada como la Royal African Company (RAC) en 1672.[213]

El pilar fundamental de la SSC era el asiento y dependía de la RAC para cumplir con sus obligaciones contractuales. El asiento estipulaba que la SSC debía enviar 4.800 piezas de indias al año. Una pieza de india era una herramienta de medición subjetiva utilizada para evaluar la condición de una persona esclavizada y de su cuerpo. Los hombres que medían más de 1 metro y medio (4 pies y 10 pulgadas), se consideraban como una "pieza" completa, siempre y cuando, no presentaran

---

212 Colin A. Palmer, *Human Cargoes: The British Slave Trade to Spanish America, 1700-1739* (Urbana: University of Illinois Press, 1981), 107-110.

213 Ibid., 5.

"defectos" físicos. Las mujeres y los niños podían contarse como menos de una "pieza", aunque este no fuese siempre el caso.[214]

De un registro de 134 barcos de la SSC, se descubrió que el 55,9% de sus cautivos provenía de la Costa Loango o de la Costa de Oro.[215] La compañía no poseía muchas de las embarcaciones que utilizaba, alquilaba la mayoría y comisionaba al capitán y a su tripulación. La corporación también utilizaba a la RAC para procurarse de personas esclavizadas y proteger sus propios intereses. Aunque, con la misma frecuencia, la SSC adquiría a los secuestrados de la misma manera como lo hacían los comerciantes privados, realizando operaciones por su cuenta, contando con el apoyo militar de la RAC, particularmente alrededor de sus fuertes.

La RAC estableció alrededor de 15 a 20 asentamientos mientras la SSC estuvo operativa. Estas estructuras, que variaban en tamaño desde castillos masivos hasta pequeñas fábricas destinadas a ser utilizadas temporalmente, albergaban entre 200 y 300 soldados, marineros y administradores.[216] Por mucho, el asentamiento más importante y núcleo militar y administrativo del Imperio Británico en África, fue el Cape Coast Castle, ubicado en el pueblo de Fetu en la Costa de Oro.

Los comerciantes suecos construyeron en 1652 el Cape Coast Castle, solo superado en tamaño por el castillo holandés de Elmina. Doce años después, fue vendido a la Royal Company of Adventurers y luego heredado por la RAC. Cape Coast Castle era resguardado por estructuras externas y rodeado por muros de 4.26 metros (14 pies) de espesor, protegidos por 74 cañones colocados encima. En la ciudadela se almacenaban muchas más armas de fuego y se contaba con viviendas, depósitos,

---

214 Helen Paul, *The South Sea Bubble: An Economic History of its Origins and Consequences* (London and New York: Routledge, 2011), 123.

215 Palmer, 31.

216 Ibid., 23; K.G. Davies, *The Royal African Company* (New York: Octagon Books, 1975), 240.

Una fotografía de Cape Coast Castle, tomada en 2011.
Creative Commons

tanques de agua y talleres. Debajo de la fortaleza había recintos subterráneos utilizados para albergar hasta 1.000 personas esclavizadas.[217]

Los comerciantes británicos consideraban que los establecimientos militares de la RAC eran esenciales para el comercio. Esto se debía a que las relaciones entre europeos y africanos estaban cargadas de tensión. El secuestro extorsivo de traficantes blancos, por ejemplo, fue una práctica común durante el mandato de la RAC. También hay informes de empleados de la compañía que tomaban como rehenes a agentes africanos para saldar deudas. En 1726, los comerciantes de Liverpool reportaron que los africanos preferían comerciar en el mar en lugar de en los fuertes, ya que en estos eran propensos a recibir "abusos."[218]

217 Davies, 248.
218 Palmer, 34.

La RAC y la SSC adquirían personas esclavizadas de manera similar a como lo hacían los comerciantes holandeses. La RAC pagaba 9 marcos de oro, o £288, como renta anual por Cape Coast Castle.[219] Los aliados indígenas intercambiaban personas esclavizadas a la RAC por productos europeos y asiáticos, en particular textiles. Las personas esclavizadas también eran forzadas a entrar en mazmorras ubicadas debajo del castillo de Cape Coast Castle y en otros fuertes, donde se les colocaban grilletes alrededor de sus pies y/o cuellos.

La mazmorra del Cape Coast Castle era notoriamente insalubre, lo que preocupó a la SSC, debido a que perdía dinero cada vez que un esclavo moría. En 1718, el cirujano de la ciudadela recomendó que a las personas esclavizadas se les dieran baldes para orinar y defecar. Esto sugiere que, durante décadas, las personas esclavizadas se pueden haber visto obligadas a sentarse y pararse sobre sus propios excrementos. Condiciones como estas tendrían que ser mejoradas, creyeron los directores de la compañía, ya que parte de su mercancía humana no llegaba con vida al barco de esclavos. Pero estas instrucciones no fueron atendidas y las quejas se repitieron en 1721 y nuevamente el año siguiente.[220]

Si sobrevivían a su confinamiento en los fuertes británicos, los agentes de la SSC compraban a estas personas esclavizadas. El capitán William Eyre, comandante del barco *Russell*, emprendió un viaje típico de la SSC, en 1723. La compañía lo contrató para navegar desde Londres hasta el Cape Coast Castle y luego a Jamaica, con instrucciones de garantizar que la pólvora del barco se almacenara de manera segura y que el artillero del barco fuese una "persona sobria y cuidadosa."[221] Una vez flanqueados frente a la costa, Eyre y su tripulación debían permanecer en la Costa de Oro no más de 60 días. En el castillo, Eyre recibiría 340 personas esclavizadas por

219 Davies, 282.
220 Palmer, 42-4.
221 "Instructions to Captain William Eyres," MS 255567, BL, ff. 10.

parte de los agentes de la RAC. Antes de embarcarlos en el *Russell*, primero tenía que almacenar las provisiones para el viaje trasatlántico, compradas con anticipación a la RAC. Estas incluían 14 fanegas de sal, 280 cofres de maíz, 170 libras de pescado y 70 galones de aceite de palma.

Eyre recibió instrucciones específicas para minimizar las pérdidas de su cargamento humano. Las personas esclavizadas debían ser embarcadas en grupos de 40 a la vez. Eyre y el cirujano del barco debían examinar a cada individuo esclavizado que subiera a la nave, asegurando "nadie le falta ni una extremidad ni un ojo, que no tenga temperamento peligroso herida o llaga, ni que esté cojo, enfermo, flaco o desechable."[222] La SSC solicitó que una mitad del cargamento humano fuese de mujeres y la otra de hombres. De estos, seis de cada siete debían tener una edad entre 16 y 30 años, mientras que el séptimo restante debía incluir adolescentes de ambos sexos no menores de 10 años.

Es posible que a Eyre se le haya pedido embarcar 40 personas esclavizadas a la vez, debido a que su tripulación tenía que esperar a que la RAC recibiera suministros periódicos de personas esclavizadas. Esto indica que no todos los 340 individuos estaban disponibles a la vez. A Eyre se le informó que, si algunas personas esclavizadas morían a bordo durante el período de embarcación, la RAC proporcionaría los reemplazos. Una vez reunidas todas las personas esclavizadas, a Eyre se le entregaba un recibo por parte de los administradores de la RAC, del cual debía llevar una copia consigo a Jamaica.

Ya en camino hacia la isla caribeña, Eyre debía hacer una lista con descripciones físicas de todos los que iban a bordo. Si alguien moría en el cruce, Eyre debía "anotar los números al final de cada revista, distinguiendo sus edades y sexos."[223] Al capitán se le prohibió tirar algún cadáver por la borda si su primer oficial y cirujano no estaban al tanto. También tenía que redactar un

222 Ibid., ff. 12.
223 Ibid.

certificado de defunción que incluyera la fecha y hora del fallecimiento y hacer un juramento sobre la veracidad del documento. Eyre estaba informado de que no se le pagaría si una persona esclavizada muriera durante el viaje sin estar documentada de la manera indicada.

El comandante debía "tener especial cuidado de que la carne, el tabaco y las bebidas espirituosas preparadas para los negros se gastasen entre ellos y no se desperdiciasen o malversasen por sus hombres, cuyo desperdicio y malversación ha ocasionado a veces una gran mortalidad."[224] A Eyre también se le dijo que lavara frecuentemente la cubierta del *Russell* con vinagre, que "distrajera" a sus cautivos con "música y juegos tanto como pudiese."[225] Finalmente, se le advirtió que no mezclara agua salada con agua potable y que redactara un informe escrito sobre que prácticas permitieron la supervivencia de las personas esclavizadas o "qué podría contribuir más a su preservación." [226] Una vez completada la entrega, Eyre debía recibir una remuneración de cuatro personas esclavizadas por cada 104 que sobreviviesen la Travesía del Atlántico.

De Jamaica a Coro

A su llegada a Jamaica, capitanes como Eyre transferían la custodia de las personas esclavizadas a agentes de la SSC. Los africanos pasaban entonces por un período de "refrescamiento" que duraba semanas, pero no más de 30 días. En este tiempo, los agentes de la SSC debían mejorar la condición física de las personas esclavizadas, con el fin de hacerlas más atractivas para su venta. Estos encargados alimentaban a sus cautivos dos veces al día con alimentos sustanciosos que incluían carne de res, pescado, arroz, pan, batatas, fruta, ron y tabaco.

---

224 Ibid., 14.
225 Ibid.
226 Ibid.

Una vez que las personas esclavizadas eran consideradas listas para la venta, eran colocadas en botes y transportadas a puertos hispanoamericanos, como Coro. Los comerciantes contratados para este trabajo eran lugareños, propietarios de embarcaciones pequeñas. Por lo general, se les pagaba una suma fija por cada persona vendida. Seguidamente, el capitán viajaba a su destino con las provisiones que le proporcionaba la SSC.[227] Este viaje por las Américas era tan letal como la Travesía del Atlántico. Entre 1720 y 1725, el trece por ciento de las personas esclavizadas moría en estos viajes de la SSC.[228]

Probablemente, la compañía compró algunos de los trabajadores esclavizados de Coro también en Curazao. Se sabe que la compañía compraba una cierta cantidad de personas esclavizadas a comerciantes holandeses en la isla, y esto probó ser particularmente cierto en el caso de Venezuela.[229] En 1730, agentes mercantiles de la SSC en Caracas mencionaron que un Sr. Murray Crymble fue "durante algunos años, agente y abogado de Curazao y Coro."[230] Esta carta es el único documento actualmente disponible, que hace referencia a las operaciones del asiento en Coro. Indica que los manejos del asiento en la región estaban ligados a Curazao. Tanto así, que los agentes mercantiles de Caracas asignaron un delegado para que manejara los negocios de ambos lugares como si fuesen uno solo.

Los plantadores de Hispanoamérica eran famosos por ser exigentes al comprar personas esclavizadas. En 1736, un agente mercantil en Caracas solicitó que las personas que fuera a recibir, fuesen "del negro más profundo y puro" y "sin cortes en la cara ni dientes limados."[231]

---

227 Palmer, 62.
228 Ibid., 53.
229 Ibid., 59.
230 "Copy of a letter wrote by Cobitt and Berrie Factors at Caracas," SP 36/18/187, The National Archives, Kew, England, ff. 190.
231 Ibid., 62-3.

Tres años después, un agente en la capital solicitó que los hombres esclavizados no fuesen mayores de 25 y preferiblemente entre 20 y 24 años. También pidió que las mujeres fuesen de 18 a 20 años de edad y no mayores de 22.[232] La SSC igualmente trató de transportar mujeres esclavizadas que fuesen juzgadas como sexualmente atractivas y "en lo posible que todas fuesen vírgenes."[233]

La SSC estuvo en un mano a mano con los plantadores venezolanos a lo largo de sus décadas de negocios con la provincia. Un problema eran los precios de la SSC y el atractivo del contrabando. Los comerciantes ilegales no tenían los costos generales de las grandes empresas, por lo que podían vender personas esclavizadas por 120 pesos o menos, mientras que la SSC las vendía por 200 o 300 pesos. Esto llevó a algunos propietarios de plantaciones en Coro a comprar personas esclavizadas justo al lado, en Curazao, donde podían hacerlo a mitad de precio.

En respuesta al problema del contrabando, la compañía trató de bajar los precios de las mercancías humanas. En Cuba, la SSC experimentó cobrando no más de 200 pesos en 1734, aunque no está claro qué tan exitosa fue esta política ni tampoco si se promulgó en otros lugares. La compañía también permitió el pago de indultos, a saber, multas repartidas contra intrusos cuyas ventas ilegales de seres humanos eran declaradas legales una vez pagada la sanción. Entre 1716 y 1719, unas 91 personas esclavizadas fueron llevadas a Caracas a través de indultos.[234]

Otro problema considerable fue que los terratenientes querían adquirir personas esclavizadas en intercambio por productos, pero la SSC buscaba dinero en efectivo. Por esto, se suscitaban a menudo negociaciones prolongadas entre agentes mercantiles de la compañía y los propietarios de plantaciones. Estas pugnas alcanzaron un punto álgido en 1736, cuando el tesorero de Caracas,

---

232 Ibid.
233 Palmer, 75.
234 Palmer, 86.

Don José de Armas, expresó su preocupación ante la negativa de la SSC hacia el trueque.[235] Armas declaró que en 1733 Venezuela intercambió 6.000 fanegas de cacao con la compañía a cambio de personas esclavizadas, pero que este número se redujo a la mitad el año siguiente. En 1735, Venezuela intercambió un mínimo de 1.000 fanegas por cada individuo esclavizado.[236]

La compañía respondió, ante este problema, de una manera que favoreció a los colonos. En 1736, la SSC declaró que todas las personas esclavizadas enviadas a Venezuela serían cambiadas por cacao y otros productos agrícolas, que denominaron "frutos del país."[237]

Intereses que convergen

Algo del cacao venezolano terminó en Londres y era degustado por los accionistas mientras repartían las acciones de la SSC. La bolsa de valores de Londres se organizó en cafés esparcidos en un barrio conocido como Exchange Alley (Callejón del Canje). Los comerciantes bebían chocolate, café y té en estos establecimientos mientras intercambiaban acciones de compañías públicas, siendo la más destacada de estas la SSC. Para el momento de la burbuja de 1720, los periódicos de Londres publicaban las cotizaciones de las acciones que circularían por las tiendas del Alley.[238]

Había grandes esperanzas para la SSC, especialmente al principio. El día antes de que Harley fuera apuñalado, este presentó un plan que eliminaría la creciente deuda de Gran Bretaña. El reino comenzó a acumular deudas en 1693 una vez que el Parlamento votó para garantizar todas las obligaciones financieras que habían sido hasta entonces deuda personal del Rey.[239] Harley

---

235 "Certficación numero 3," Caracas 925, AGI.
236 Ibid.
237 Palmer, 127.
238 Ibid., 16.
239 John Carswell, *The South Sea Bubble* (Dover, N.H.: Alan Sutton, 1993), 20.

propuso que parte de la deuda del gobierno fuese reestructurada mediante la formación de una sociedad mercantil que comerciaría en los mares del sur—África e Hispanoamérica.

Los bonos del gobierno se convertirían en acciones de la nueva compañía. Esto ahorraría al gobierno millones de libras esterlinas en pagos de intereses. Gran Bretaña mantenía £9,47 millones en intereses atrasados cuando se estableció la SSC.[240] Estos bonos no estaban muy valorados ya que se cotizaban al 32 por ciento.[241] Por lo tanto, la deuda a corto plazo del estado estaba dañando su calificación crediticia, lo que encarecía los préstamos.[242]

Entonces, el plan de Harley era convertir la deuda flotante del gobierno en acciones de la SSC. Gran Bretaña también establecería un fondo fiscal anual de £558.678, que se transferiría a la SSC. Con este dinero, la empresa podía distribuir dividendos anuales a sus accionistas.[243] Aunque los propietarios de bonos gubernamentales se vieron obligados a convertir sus activos en acciones de la SSC, estaban felices de hacerlo.[244]

Muchas preocupaciones convergieron en la creación de la SSC. Las primeras y más importantes fueron aquellas del reino de Gran Bretaña. Con la expansión de la guerra en el Atlántico durante el siglo XVII, se necesitaba de mayores inversiones para los ejércitos en expansión, sus embarcaciones, armaduras y armas.[245] Era menester tener unas saludables finanzas estatales para poder librar guerras. Para 1710, los conflictos en ultramar consumían más de un tercio de los gastos del gobierno y

---

240 Ibid.

241 Richard Dale, *The First Crash: Lessons from the South Sea Bubble* (Princeton and Oxford: Princeton University Press, 2004), 41.

242 Ibid., 42.

243 John G. Sperling, *The South Sea Company: An Historical Essay and Bibliographical Finding List* (Cambridge, Mass.: Harvard Graduate School of Business Administration, 1962), 1.

244 Carswell, 45.

245 Paul, 24-35.

estos solo podían pagarse si el país continuaba pidiendo prestado. Otro tercio de los ingresos del estado se dedicaba al pago de intereses y estaba proyectado que esta cifra aumentaría a un 50% de los gastos en cuatro años.[246] El colapso de los mercados crediticios en Europa después de la gran helada de 1709, hizo que las cosas fueran más urgentes que nunca. Este contexto determinó que ocurriese de la propuesta de Harley.[247]

Todas las potencias y comerciantes europeos codiciaban el acceso al enorme mercado de Hispanoamérica. Pero estos consumidores estaban legalmente mantenidos afuera, excepto por dos circunstancias aisladas. Se hacían excepciones en ocasiones de necesidad durante la guerra—pero este era un negocio demasiado errático y peligroso para depender de él. El caso más significativo—y el premio más buscado—era el asiento. Se ansiaba el contrato porque era sabido que las ganancias fluían abundantemente.

Pero de igual importancia, el asiento permitía a los gobiernos europeos dominar a sus rivales en la guerra por la supremacía del Atlántico. Con este privilegio, los estados podían reclamar su derecho al mercado de consumo más grande de las Américas, dejando así a sus competidores por fuera. También les otorgaba a los reinos el derecho legal de confiscar los bienes contrabandeados, lo que traía recursos adicionales y obstaculizaba a sus enemigos.

Aunque el tráfico de mercancías no humanas podía prohibirse en los contratos del asiento, sus beneficiarios siempre se dedicaban al contrabando. De hecho, al buscar el acuerdo, los que se disputaban el premio tomaban en cuenta las oportunidades para el contrabando. Los titulares del convenio se aprovechaban de los deseos de los colonos españoles por productos europeos, los cuales eran ofrecidos más baratos a través del comercio

---

246 Dale, 41.
247 Sperling, 3.

ilegal. Se puede dar por sentado que la mayoría de las embarcaciones esclavistas transportaban una variedad de mercancías del mercado negro.

Los intereses ocultos de la SSC eran tan importantes como los manifestados abiertamente. Pocos sabían que la compañía era producto de una conspiración que se había estado gestando durante algún tiempo. La idea de Harley en realidad surgió de un grupo de especuladores poco fiables: John Blunt, George Caswall, Jacob Sawbridge y Elias Turner. Los últimos tres hombres eran socios de la Sword Blade Company, que, en 1691 recibió una carta real de constitución para fabricar espadas de estilo francés.[248] Blunt tomó el control de la compañía en 1700 y junto a sus colegas comenzaron a usarla como fachada para inmiscuirse ilegalmente en operaciones de las finanzas públicas. Estas actividades eran ilegales, ya que el Banco de Inglaterra tenía el monopolio en los asuntos fiscales.[249]

La Sword Blade Company y el Banco de Inglaterra se enfrentarían por el derecho a servir como banco del reino. El drama comenzó cuando el gobierno británico puso en subasta determinadas tierras. Estas propiedades habían sido confiscadas a los jacobitas irlandeses en las secuelas de la Guerra Guillermita de Irlanda (1688-1691). La Sword Blade Company era una de los principales compradores de estas propiedades y, para el otoño de 1702, habían comprado posesiones valoradas en £200.000.

Para pagar por esto, la compañía utilizaba su privilegio de emitir acciones. Sin embargo, estas acciones no se cambiaban por efectivo, sino por obligaciones del ejército—deuda pública. Los activos alcanzaron un 85% en el mercado, pero los convirtieron a un 100%. A través de estas manipulaciones, el Reino de Gran Bretaña pudo obtener una ganancia sustancial, que utilizó para

---

248 Dale, 43.
249 Sperling, 5.

cancelar la deuda de £200.000.[250] Los directores de la Sword Blade Company posiblemente también recibieron ganancias con este acuerdo, ya que es probable que poseyeran algunos de estos bonos.[251]

Una vez concluida esta farsa, la Sword Blade Company comenzó a otorgar hipotecas y a proporcionar otros servicios financieros. El Banco de Inglaterra respondió con medidas legales en contra de la compañía en 1707, año en que se extendió su estatuto. La nueva sanción del Banco también incluyó referencias expresas a la Sword Blade Company y su capacidad para otorgar crédito. El nuevo contrato estipulaba que los conglomerados de más de seis personas tenían prohibido emitir préstamos.[252]

Al año siguiente, la Sword Blade Company estaba cercana a la bancarrota. Para empeorar las cosas, los herederos leales de los jacobitas a quienes se les habían confiscado sus tierras comenzaron a reclamar sus derechos sobre las propiedades de la compañía. Como resultado, las acciones de la Sword Blade Company cayeron al 51%.[253] Solo un nuevo emprendimiento podía salvar el negocio, así como las fortunas de Blunt, Caswall, Sawbridge y Turner.

Esta nueva empresa llegó bajo la forma de la SSC. Parece que meses antes de que Harley propusiera la idea de una nueva sociedad mercantil, Blunt y Caswall se habían puesto en contacto con él para presentarle la idea.[254] Lo que se sabe con certeza es que Harley nombró a Blunt para que redactase la carta constitutiva de la SSC y que Blunt, Caswall y Sawbridge se convirtieron en directores de la SSC.[255] La Sword Blade Company también se las arregló para burlar el monopolio del Banco

250 Carswell, 30.
251 Ibid.
252 Ibid., 31-2.
253 Ibid., 32.
254 Carswell, 35; Dale, 46.
255 Sperling, 6.

de Inglaterra y así convertirse en el banco oficial de la SSC.[256] La historia turbia de la Sword Blade Company se entretejería en el tapiz de sus nuevos negocios, precipitaría la burbuja de 1720 y su estallido, y terminaría arruinando la compañía que ayudo a crear.

Los intereses políticos también conspiraron para el establecimiento de la SSC. Harley, un Whig veterano convertido en Tory, tenía como objetivo instaurar un interés financiero para su nuevo partido, uno que pudiera rivalizar con el Banco de Inglaterra y la Compañía de las Indias Orientales, dominada por su facción anterior. La Junta Directiva de 25 miembros de esta última compañía incluía a 19 Whigs, mientras que los 24 directores del Banco pertenecían al partido adinerado.[257]

Harley consiguió lo que quería. Logró nombrar a los gobernadores y directores de la SSC y la gran mayoría de ellos fueron Tories.[258] Para cerrar el asunto, la carta constitutiva de la nueva compañía estipulaba que ningún gobernador o director del Banco de Inglaterra o de la Compañía de las Indias Orientales podía ocupar un puesto similar en la SSC.[259]

Los gobernadores y directores de la SSC también eran inversores y esto motivaba su asociación. Los gobernadores debían mantener £5.000 en acciones y los directores £3.000. Estas posiciones les brindaron información privilegiada sobre la compañía, que los ayudó en sus actividades especulativas. Los gobernadores recibían £500 al año como salario, los subgobernadores £300, los suplentes gubernamentales £250 y los directores £150. Estos caballeros también comerciaban personalmente con la SSC, aunque esto fuese ilegal.[260]

A pesar de que los accionistas se vieron obligados a convertir sus bonos gubernamentales en acciones de la

---

256 Ibid.; Paul, 47.
257 Sperling, 7.
258 Ibid
259 Ibid., 17.
260 Ibid.

SSC, estuvieron felices de hacerlo. La deuda gubernamental no era transferible ni heredable, pero las acciones sí lo eran. Un inversor podía comprar y vender acciones a su discreción, cosa que no era posible en el caso de los bonos estatales.[261] Además, las sociedades mercantiles eran pocas y los inversores aprovechaban las oportunidades para comprar parte de estas compañías cuando podían. El acceso de la SSC a pagos anuales del gobierno británico hacía de esta inversión algo seguro que garantizaba un dividendo anual.[262]

Los ciudadanos accionistas estaban generalmente motivados por los rendimientos potenciales. Era sabido que la trata de esclavos a las colonias españolas era financieramente provechosa. Aunque nunca sucedió, también se le informó al público que la empresa tendría "puertos de seguridad" en toda Hispanoamérica, lo cual facilitaría el comercio.[263] Otro rumor que fue plantado era que la SSC se proponía conquistar partes del territorio español, lo que daría lugar a posibilidades ilimitadas de lucro.[264] El hecho de que la Royal Navy protegiera los buques de la SSC también ofrecía seguridad a sus inversiones.[265]

La Corona española era también parte interesada. Sus numerosas colonias dependían del trabajo de personas africanas esclavizadas y los comerciantes o gobiernos extranjeros eran los únicos que podían suministrarlas. La SSC se constituyó una vez establecida Inglaterra como la mayor potencia militar en el Atlántico. Que la Royal Navy protegiera los cargamentos de la SSC fue, como se dijo anteriormente, una forma de seguridad para la Corona española; además, los comerciantes de la RAC—que suministraban a muchas de las personas esclavizadas compradas por la SSC—eran los más

261 Paul, 32-3.
262 Ibid., 46.
263 Sperling, 11.
264 Sperling, 9; Paul, 6.
265 Paul, 7.

eficientes con las personas esclavizadas; viajaban más rápido y eran capaces de proveer más cautivos por tonelaje que cualquier otra entidad.[266] Desde el punto de vista de la Corona española, el acuerdo con la SSC debe haber sido considerado como un éxito, a pesar de que a la compañía le hayan faltado 20.000 de las 95.000 personas esclavizadas que debían transportar durante 25 años, según lo establecido bajo el acuerdo.

Si en algún momento el comercio fue el objetivo principal de los directores de la SSC, tempranamente dejó de serlo. De 1713 a 1720, la SSC continuó convirtiendo la deuda pública en acciones, proporcionando así la mayor parte del capital de la empresa. A medida que la valoración de la empresa se alejaba cada vez más del comercio real y se volvía en mayor medida más dependiente de la especulación, se fue creando una burbuja masiva que estallaría en 1720; ésto estuvo a punto de derribar el mismo Imperio que le correspondía salvar, en su diseño original, a la SSC.

El Auge y la Decadencia

El auge y la decadencia comenzaron a gestarse en 1719, cuando el rey de Gran Bretaña pronunció un discurso que precipitó el colapso. Instó a los miembros de la Cámara de los Comunes a idear un plan para reorganizar la deuda total del país. Blunt propuso que la SSC convirtiera todas las obligaciones existentes del reino en acciones de la compañía.

A pesar de una contraoferta del Banco de Inglaterra, la SSC obtuvo la aprobación del Parlamento para reestructurar aproximadamente £31 millones de deuda pública; cantidad que representaba todos los pasivos del país que no pertenecían ni al Banco de Inglaterra, ni a la Compañía de las Indias Orientales.[267] La SSC pagó £4.156.305 por el privilegio de convertir la deuda

266 Ibid., 42.
267 Sperling, 27-8.

redimible, acordando pagar un porcentaje de la deuda irredimible, lo que podía aportarle al estado £3.4 millones adicionales.

Por lo tanto, la SSC acordó pagar al gobierno hasta £7,5 millones por el privilegio de convertir los bonos estatales en acciones de la SSC. Este plan debía ahorrarle a Gran Bretaña £422.499 en pagos de intereses anuales hasta 1727; economizándole anualmente £542.499, a partir de esa fecha.[268]

Pero la SSC tenía un gran problema: no tenía £ 7,5 millones. Para recaudar el dinero, decidieron inflar el precio de sus acciones. Con la intención de atraer inversores al esquema, la SSC hizo que los accionistas fueran elegibles para préstamos de la compañía. Este crédito venía con términos favorables, como los pagos de acciones por cuotas. Cuando se aprobó el proyecto de ley de la SSC de 1720, el precio por acción había aumentado de £130, precio vigente cuando se introdujo la propuesta, a £300, cuando se venden las primeras acciones tres meses más tarde. Para este momento, la gran mayoría del capital de la compañía se mantenía como deuda pública y su flujo de caja provenía de las inversiones, en lugar del comercio atlántico.

Por lo tanto, cuando la SSC prestaba dinero en efectivo a sus suscriptores les estaba adelantando su propio dinero y al emitir dividendos ocurría lo mismo. El público ignoraba esto y el precio de las acciones se salió de control. El 1 de abril las acciones se valoraban en £302 y en julio ya estaban en £950. El precio de las acciones bajó sostenidamente hasta desplomarse en octubre, cuando llegó a £290. Dos meses más tarde este total se reduciría a £155.[269]

Para este momento la gran mayoría de los accionistas había comprado sus acciones a precios muy por encima de su valor nominal, o incluso, de su precio vigente en el mercado. Se perdieron fortunas y los gobernantes

268 Ibid.
269 Ibid., 31.

políticos y económicos del país estaban indignados. Una investigación sobre la compañía y la burbuja defenestró a una serie de parlamentarios acusados de aceptar sobornos. El escándalo también arruinó a los directores de la compañía, a quienes les fueron impuestas severas multas.

Durante las secuelas de la caída bursátil, el deber más importante del Parlamento era garantizar que el estado británico no se viera perjudicado por este impactante incidente.[270] A finales de diciembre, la legislatura aprobó una resolución declarando definitivas las conversiones de deuda de la SSC, lo cual aseguró que las cargas del gobierno no regresasen al estado en que se encontraban cuando comenzó el canje de deuda en abril.

El Parlamento amortiguó el golpe a los inversores y rescató a la SSC. Canceló más de siete octavos de la deuda pública de la compañía, dejándola en £1 millón. Para el verano de 1722, la SSC debía pagar al gobierno, como parte del trato, £2 millones en efectivo más intereses. Por estar todavía la compañía agobiada por una deuda pública de más de £7 millones, el Parlamento permitió que esta vendiera parte de la anualidad que el gobierno estaba obligado, contractualmente, a proporcionarles cada año. Esta medida restauró el crédito de la SSC y le permitió reanudar la venta de las acciones vinculadas a los £17 millones retenidos en bonos del Estado.[271]

Después del estallido de la burbuja y el restablecimiento de la salud financiera de la SSC, el comercio con las Américas, Venezuela y Coro cambiaría poco. En beneficio de la SSC, la RAC continuó suministrando una gran cantidad de personas esclavizadas a las Américas. Estos traslados finalizaron en 1724, cuando la SSC comenzó a comprar a todas las personas mercantilizadas, directamente, de comerciantes privados en Jamaica y Barbados.[272]

---

270 Ibid., 34.
271 Ibid., 44-7.
272 Ibid., 39.

El contrato del Asiento con la SSC se rescindió cinco años antes de lo pautado debido a la Guerra de la Oreja de Jenkins (1739-1748), que enfrentó a España con Inglaterra en un ojo por ojo de confiscaciones navieras en las Américas. La Corona española compró los últimos años del acuerdo por £100.000.[273] A partir de ese momento, la SSC continuó administrando la deuda de Gran Bretaña, desempeñándose como intermediaria para el pago de intereses entre el gobierno y los accionistas de la SSC. Esto continuó por más de 100 años hasta que la empresa se disolvió en 1855.[274]

En total, la SSC fue responsable de arruinar la vida de 75.000 personas y matar miles de miles más, mientras estructuraba las economías de plantación de lugares como Coro. La corporación realizó estas tareas como un instrumento diseñado para promover los intereses del estado británico y de las élites mercantiles y financieras. El fiasco de la burbuja, cuyo objetivo era agrandar los bolsillos de los directores de la compañía y sus accionistas clave, resultó en la conversión de una gran parte de la deuda de Gran Bretaña, permitiendo al país agrandar sus fuerzas armadas e Imperio y continuar el despojo de pueblos no europeos.

La Real Compañía Guipuzcoana

Don Joséf de Tellería vivió una vida encantadora antes de ser asesinado. Nacido de una de las cinco familias principales de Coro, heredó una serie de propiedades que incluía 17 personas esclavizadas y la plantación El Socorro, lugar donde comenzó la insurrección de 1795. En total, Tellería poseía tres fundos en la sierra y una mansión en la ciudad, además de 33 individuos esclavizados, entre ellos María de los Dolores Chirino y sus tres hijos.[275]

273 Paul, 110-11.
274 Sperling, 48-9.
275 "Testamentaría de Joseph de Tellería, 1798," AHF.

Además de terrateniente, Tellería también era un comerciante activo, un dedicado servidor de la Corona, un católico devoto y un hombre de mente inquieta. Comercializaba su azúcar y sus plátanos con Curazao y sus mulas con Saint-Domingue.[276] Tellería era igualmente una figura política destacada—ex alcalde de Coro y diputado regional del Real Consulado de Comercio en el momento de su muerte. Tellería bautizaba a sus hijos y esclavos, y organizaba la celebración de misas en sus plantaciones. También era un lector activo que se mantenía actualizado con el pensamiento ilustrado español, con obras como los trabajos de los sacerdotes Benito Jerónimo Feijoo y Pedro Murillo Velarde.[277]

Pero Tellería no se convirtió en un autócrata sofisticado por accidente. Era hijo de José de Tellería, factor mercantil de Coro para la Real Compañía Guipuzcoana (RCG). Tellería padre, era un comerciante vasco que emigró a Venezuela durante los primeros años de la compañía.[278] En 1736, ocho años después del establecimiento de la RCG, Tellería confiscó un cargamento ilegal de tabaco de Coro.[279] Ocho años después, el agente había ahorrado suficiente dinero para comprar el terreno donde se construyó El Socorro.[280]

La empresa de Tellería padre, que controlaba el monopolio del mercado venezolano, jugó un papel importante propulsando la insurrección de 1795. La RCG se fundó en 1728 a través de una asociación entre la Corona española y mercaderes vascos que ya comerciaban con cacao venezolano. Las actividades de la compañía estimularon la producción de plantaciones en Coro y proporcionaron muchos de los bienes de consumo de

---

276 "Cuentas de la Real Hacienda de Coro, 1773-1778," Caracas 575, AGI.

277 "Testamentaría de Joseph de Tellería."

278 Vicente de Amezaga, *Hombres de la compañía guipuzcoana, Vol. II* (Bilbao: Editorial la Gran Enciclopedia Vasca), 259.

279 "Autos hechos y remitidos por Don José de Tellería, Factor de la Compañía Guipuzcoana en la ciudad de Coro," 1736, AGN.

280 "D. Joseph de Tellería, copia de la Cédula de confirmazion de 36 fanegas de tierra," 1785, AGS.

la región. La compañía también participó en una serie de otras iniciativas, incluida la trata de esclavos. Los esfuerzos de la RCG convirtieron a Venezuela de un país estancado, dependiente de subsidios gubernamentales, en Capitanía General y una de las colonias más valiosas de España.[281]

La Corona española encabezó la institución de la RCG en su interés de apoyar la industria del cacao en Venezuela y mantenerla al margen de los intrusos extranjeros. El consumo de chocolate crecía constantemente en toda Europa, desde los callejones de Londres donde comerciaban acciones, hasta los hogares de clase media en Madrid. La gran mayoría del suministro continental de cacao, a partir del cual se produce el chocolate, era de origen venezolano. A pesar de que el cacao provenía de una colonia española, los comerciantes holandeses controlaban gran parte de la industria.

El fracaso de España en Venezuela era un modelo a pequeña escala de su imperio en decadencia. De 1700 a 1728, solo cinco barcos zarparon desde España hacia la colonia y ninguno hizo el viaje durante el periodo de 1706 a 1721.[282] Esto era un patrón preocupante. En 1705, se estimó que en 10 años ningún buque español había navegado hasta el Perú y en el caso de Nueva España no se había realizado viaje alguno en seis años. Cuando se establcció la RCG, la Corona española estaba desesperada por revitalizar su comercio americano y consideraban a Venezuela como una mina de oro sin explotar.[283]

La región semiautónoma del País Vasco en España albergaba la provincia de Guipúzcoa, un área que comercializaba cacao décadas antes de la fundación de la RCG. Esta provincia era un estado soberano unido a la Corona

281 Ronald Dennis Hussey, *The Caracas Company, 1728-1784: A Study in the History of Spanish Monopolistic Trade* (Cambridge: Harvard University Press, 1934), 87.

282 Ibid., 57.

283 Ibid., 41.

española a través de un rey común; contaba con su propia asamblea y estaba exenta de proporcionar hombres para el servicio militar. También gozaban de cierta autonomía en sus asuntos comerciales.[284] Durante años, de hecho, intentaron eliminar ciertos derechos arancelarios para fomentar el comercio con el cacao.

Estos esfuerzos fracasaron, por lo que Guipúzcoa siguió una estrategia diferente. Plantearon la idea de una sociedad mercantil; una asociación entre la provincia, sus comerciantes y el Rey de España. La innovadora compañía, intervendría en el negocio del cacao dominado por extranjeros y al mismo tiempo fomentaría el desarrollo de Venezuela.[285]

La Corona española aprobó la propuesta de Guipúzcoa en 1728.[286] Aunque el estado físico del contrato se ha deteriorado y no se pueden leer todas sus palabras, la primera oración claramente establece que el propósito principal de la RCG era:

> remediar la escaséz de cacao...en estos Reynos...y facilitar al comun de España el alivio, de que sin pender de el arbitrio de Estangeros, que indebida, y fraudalentamente le desfrutaban, y por cuya mano se compraba el cacao en ella, le lograsse por la de los Comerciantes Españoles.[287]

El convenio permitía a la RCG enviar dos buques al año a Venezuela, cada uno equipado con 40 a 50 armamentos. Estas embarcaciones podían descargar su mercancía en cualquiera de dos puertos: La Guaira o Puerto Cabello. Podían zarpar directamente desde los puertos guipuzcoanos, pero debían hacer escala en Cádiz a su regreso para pagar los aranceles de importación. Al principio, el Rey se negó a otorgarle un monopolio a la compañía, pero esto cambió dos años después cuando decidió no otorgar

---

284 Amezaga, 29.
285 Hussey, 52-60.
286 Ibid., 60.
287 "Compañia de Caracas: asiento de 1728," Caracas 924, AGI.

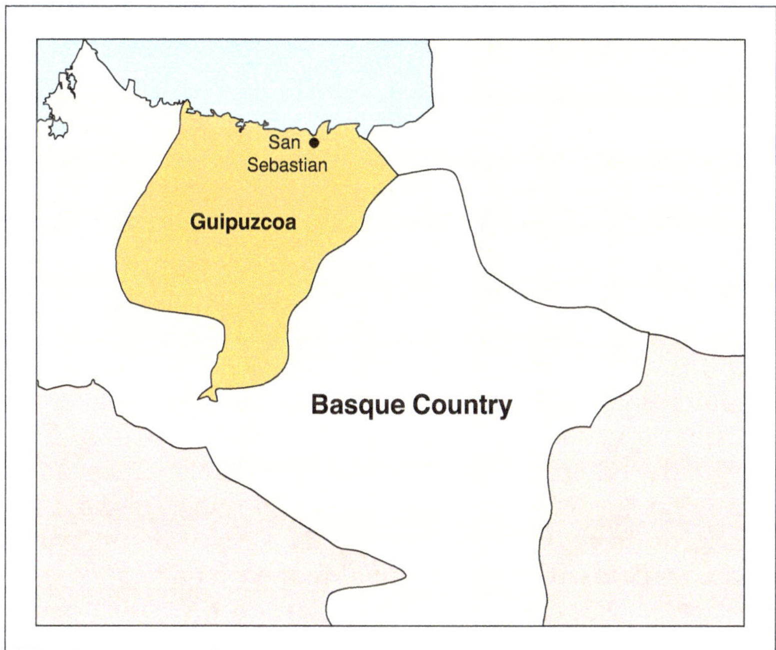

Un mapa de Guipuzcoa y el País Vasco en el siglo XVIII.

otras licencias para el comercio venezolano. La RCG recibió oficialmente los derechos exclusivos sobre el comercio venezolano en 1741.[288]

Las acciones de la RCG se dividieron entre la Corona española, la provincia de Guipúzcoa y prominentes comerciantes vascos. Originalmente, la RCG tenía la tarea de recaudar 1.5 millones de pesos mediante la emisión de 3.000 acciones, cada una valorada en 500 pesos. El Rey de España era el mayor accionista de la compañía, con 200 acciones, seguido de la Provincia de Guipúzcoa con 100 acciones.[289] Pero la compañía solo

288 Hussey, 73, 85.

289 José Estornés Lasa, *La Real Compañía Guipuzcoana de navegación de Caracas* (Buenos Aires: Editorial Vasca, 1948), 22; Ramón de Basterra, *Los navíos de la ilustración: Una empresa del siglo XVIII* (Madrid: Ediciones Cultura Hispánica, 1970), 49.

pudo recolectar 750.000 pesos durante los cinco años en que se emitieron las acciones.[290]

Los organismos estatales solo tenían el 20% de las acciones de la compañía, por lo que la gran mayoría de los accionistas eran particulares. El veinticinco por ciento poseía menos de ocho acciones, mientras que el 22,73% entre ocho y 15 acciones; el 17,05% entre 15 y 30 acciones; el 10,23% entre 30 y 50 acciones y el 10,79% entre 50 y 100 acciones. La Corona era la única entidad que retenía más de 100 acciones.[291] Lo que demuestra que los comerciantes, especuladores, terratenientes y aristócratas poseían la mayor parte de la empresa.

Cuando la sede de la compañía se trasladó a Madrid, en 1751, los cinco directores de la RCG organizaron el comercio desde San Sebastián. La Corona designó a los primeros directores de la compañía a partir de un grupo de accionistas poseedores de al menos 10 acciones. Los directores ganaban un salario elevado de 5.000 pesos anuales. Se les exigió que se congregaran, al menos una vez cada cinco años, en una reunión donde pudiesen asistir todos los accionistas. Los inversores que poseyeran ocho o más acciones tenían derecho al voto en estas asambleas.[292]

Los dividendos se repartieron irregularmente durante la vida temprana de la RCG, hasta que la compañía tomó una decisión sin precedentes. Las primeras comisiones del 20% se pagaron en 1735, 1737, 1738 y dos veces en 1739. En 1741 se emitieron dos más—la primera por 26 2/3% y la segunda por 33 1/3%. El siguiente dividendo se repartió diez años más tarde, momento en el que se les entregó 25% a los accionistas.

En 1752, se produjo un gran avance cuando la compañía votó a favor de un dividendo radical del 100%. Esto garantizaba un retorno total a cualquier inversión realizada. El pago de este dividendo se emitiría mediante

---

290 Hussey, 65.

291 Montserrat Garate Ojanguren, *La Real Compañía Guipuzcoana de Caracas* (San Sebastián: Grupo Doctor Camino, 1990), 76.

292 Hussey, 64.

un desembolso anual del 5%. A partir de entonces, solo se anunció un pago especial del 10% en 1775, con la mitad pagada en 1777 y la otra mitad al año siguiente.[293]

Comercio y Emprendimiento

Al no haber comercio, los dividendos no podían ser repartidos. Los directores de la RCG manejaban las operaciones del día a día, planificando la compra de bienes, su traslado a Venezuela y los viajes de regreso. En sus puertos españoles, la compañía erigió galpones, con la intención de albergar un año de mercancías para Venezuela.[294] A los marineros se les adelantaban tres meses de salario antes de partir hacia la colonia y tres meses de pago antes de regresar.[295] Entre tres y seis buques partían y regresaban cada año.[296]

A las naves de la compañía se les dio la autoridad de incautar cualquier barco y/o mercancía dedicada al contrabando, siempre y cuando se encontrasen en aguas venezolanas. Como los productos confiscados no eran gravados; dos tercios de ellos iban a la RCG, mientras que el tercio restante se lo quedaba la tripulación del barco.[297]

Cuando los viajes regresaban vía Cádiz, se ponía en marcha una compleja operación del cacao. Un representante del gobierno abordaba la embarcación a su llegada para calcular los derechos adeudados. Los mulateros, contratados por las provincias mismas, compraban los granos en el puerto para luego transportarlos tierra adentro, lugar donde eran vendidos a los minoristas de los respectivos mercados locales.[298] Las ventas de cacao se realizaban en subastas públicas dos veces al año, en marzo-abril y septiembre-octubre.[299]

293 Ibid., 321.
294 Ibid., 157.
295 Ibid., 82-3.
296 Ibid., 74.
297 Ibid., 65.
298 Ibid., 160.
299 Hussey, 157.

Las cosas cambiaron un poco, después de las reformas de la RCG de mediados de siglo. Las ventas se redujeron a una por año, en septiembre-octubre, y la compañía amplió sus actividades más allá de Cádiz, Madrid y San Sebastián.[300] Posteriormente, se autorizó a la compañía a suministrar los granos a Aragón, Asturias, la región vasca, Castilla, Galicia y Navarra. Además, se les asignaron depósitos en estos lugares para el almacenamiento de sus productos. Las ventas se realizaban a particulares o representantes de la comunidad, siendo ilegal la compra de cacao para su reventa.[301]

El mercado español solo consumía la mitad del cacao que la RCG importaba. España trajo alrededor de 80.000 fanegas de la cosecha— de las cuales 60.000 provenían de Venezuela—pero solo consumió 40.000 fanegas al año. El resto se enviaba a mercados extranjeros, desde los puertos de Cádiz y San Sebastián.

A pesar de su misión aparentemente unidireccional, la RCG experimentó con otras compañías. Inició una serie de emprendimientos de manufactura, con la intención de reforzar su comercio con Venezuela. El primero y más exitoso, fue la toma de control en 1735 de la fábrica española de armamento ubicada en Plasencia. La adquisición de la RCG incrementó la producción anual de 8.000 mosquetes a 12.000.[302] El interés de la compañía en este acuerdo tenía tres vertientes: deducir los ingresos de la compañía de los impuestos que le debía a la Corona; enviar una parte del excedente del producto a Venezuela; y que sus amigos ganasen fantásticos sueldos manejando la operación.[303] La RCG construyó también un molino harinero en Campos, destilerías de licores en Estella y Viana, y comenzó a contratar tejedores en Valdenoceda, Rioja y León. Estos emprendimientos fueron

300 Ibid.
301 Ibid., 158.
302 Ibid., 169.
303 Ibid., 74, 267.

diseñados para reducir el costo del comercio y estimular las industrias españolas.[304]

La RCG también participó en el comercio de esclavos. En 1755, la Corona española concedió un contrato a la compañía para transportar 2.000 personas esclavizadas a Venezuela. La compañía abogó a favor del contrato, afirmando que la colonia había sido privada de trabajadores esclavizados desde que la SSC cesó sus operaciones en 1739. La RCG estimó que solo 60 personas esclavizadas habían sido llevadas legalmente a Venezuela desde entonces.[305] Sin embargo, la compañía nunca estuvo cerca de cumplir este acuerdo. Apenas importaron 310 personas esclavizadas, las cuales fueron compradas en Curazao por 45.378 pesos. Pero antes de la reventa de estos individuos, murieron 28 y nacieron 13. Finalmente, producto de este acuerdo, fueron vendidas en Venezuela 295 personas por 62.320 pesos.[306]

Diez años más tarde, la RCG recibió otro convenio de asiento para abastecer la Capitanía General con 2.000 personas esclavizadas. Compraban a estos individuos a través de un factor mercantil localizado en Puerto Rico, quién recibía la mercancía de comerciantes extranjeros. La RCG contrató a dos equipos para el traslado de trabajadores esclavizados a la isla. El primero, Weyland Brothers de Gran Bretaña, y el segundo un comerciante francés sin nombre registrado. Estas empresas tenían la tarea de traer a Puerto Rico entre 1.000 y 1.100 personas esclavizadas. Aunque nuevamente la RCG no pudo cumplir con su obligación, esta vez les fue mejor. Para 1769, la RCG había importado 1.013 personas bajo este segundo acuerdo y todas fueron vendidas en Venezuela.[307]

A pesar de la supuesta falta de trabajadores esclavizados, los rendimientos de las cosechas de cacao se dispararon en Venezuela. En 1749, la RCG declaró que

---

304 Ibid., 169.
305 Ibid., 172.
306 Ibid.
307 Ibid., 239-42.

en sus 17 años de operaciones había exportado 869.247 fanegas de cacao provenientes de la colonia. Esta cifra era casi un 25% más alta que las 643.215 fanegas de cacao que Venezuela había exportado en los últimos *30* años. La corporación también afirmó que, durante los dos períodos, las cosechas de cacao se habían más que duplicado, pasando de un promedio de 60 fanegas a 130.[308]

Las exportaciones de cacao de la RCG continuaron muy poco por encima de este nivel hasta que la compañía perdió su monopolio. De 1749 a 1764, Caracas exportó más de 880.000 fanegas de cacao. Más de 500.000 fanegas fueron enviadas a España; 300.000 a Veracruz; 75.000 a Canarias y 28.000 a las islas del Caribe español.[309] Pero, en 1776, la RCG perdió su monopolio debido al crecimiento de los comerciantes privados. Al año siguiente, la compañía solo exportaría 18.000 fanegas de cacao a Veracruz y apenas 9.691 a España.[310]

La Conspiración de De León, resultados inconclusos y el desplome de la RCG

Aun cuando el negocio estaba en auge había problemas, ya que los terratenientes venezolanos y los agentes mercantiles de la RCG tenían regularmente conflictos con los pagos. Estas tensiones llegaron a un límite en 1749, cuando el plantador de cacao y burócrata de la Corona, Juan Francisco de León, liderara una insurrección en contra de la compañía. Muchos de los plantadores que consideraban que sus cosechas estaban mal pagadas, compartían las críticas dirigidas por De León a la compañía.

Después de la rebelión, la RCG reconoció que la situación era insostenible. Subieron el precio del cacao a 14 pesos por fanega, pero este arreglo requería que el producto se intercambiara por bienes de la compañía que fuesen de

---

308 "Certificación del producto de los derechos reales y novenos," Caracas 924, AGI.

309 Hussey, 233-4.

310 Ibid., 270, 316.

valor equivalente. El pacto también exigía que la compañía comprase todo el cacao que los colonos les presentasen.[311]

A pesar de estas concesiones, las relaciones continuaron tensas. En 1760, los colonos protestaron porque la compañía, o no quería o no podía cambiar cacao por monedas de plata. Igualmente, reclamaron por el sobreprecio en la mercancía de la RCG. La compañía reaccionó reduciendo drásticamente el costo de los textiles, las herramientas y los aceites y eliminando el requisito de que la compra de cacao fuese únicamente con productos europeos.

Aunque le resultaba difícil acceder a la moneda, la compañía afirmaba haber hecho grandes avances en proveer especie a Venezuela. La RCG informó que de 1750 a 1758, introdujo en Venezuela desde Veracruz 2.425.000 pesos de plata, promediando 303.125 pesos al año.[312] Esta cantidad fue superior al promedio anual de 253.025 pesos importados entre 1731 y 1748. El total también superó notablemente los 66.404 pesos anuales traídos a Venezuela entre 1701 y 1730, periodo previo al inicio de las operaciones de la compañía.[313]

No hay duda de que las actividades de la RCG impulsaron todas las áreas de la economía venezolana, incluyendo las industrias de Coro. La producción de cacao se duplicó con creces bajo la supervisión de la compañía, los rendimientos de las cosechas de azúcar aumentaron drásticamente en toda la provincia y el ganado se triplicó.[314] Aunado a esto, las importaciones de trabajadores esclavizados aumentaron a más del doble.[315] La compañía también comercializó tabaco y pieles, ambos producidos en Coro. De 1749 a 1764, la RCG exportó a España 88.000 arrobas de tabaco y más de 177.000 pieles.[316]

311 Ibid., 136, 165-7.

312 Ibid., 186.

313 "Certificación del producto."

314 "Manifiesto, que con incontestables hechos prueba los grandes beneficios, que ha producido el establecimiento de la Real Compañía Guipuzcoana de Caracas," Caracas 924, AGI, ff. 13-14.

315 "Certificación del producto."

316 Hussey, 234.

La RCG también transformó la región con su ejército, el cual se dedicó a combatir el contrabando. En 1760, la compañía tenía 15 barcos a su disposición, 10 de los cuales patrullaban las costas venezolanas en cualquier momento. En su totalidad, esta guardia naval estaba dotada de 518 hombres, 92 cañones y 86 armas.[317] La RCG usó esta fuerza para la confiscación de bienes traficados ilegalmente. Existía un patrón para estas requisas: una o dos embarcaciones de la RCG se acercarían al barco del contrabandista y abrirían fuego, a lo que los intrusos responderían con disparos mientras se escapaban en canoa o se retiraban hacia tierra. Luego, los soldados de la RCG tomarían posesión de las mercancías contrabandeadas y regresarían a la costa.[318] La compañía también contaba con 12 patrullas terrestres, de 10 a 12 hombres cada una, las cuales controlaban focos de contrabando.[319]

Esta represión fue un gran éxito. Durante los primeros 10 años de operaciones de la compañía, la participación holandesa en el cacao venezolano se redujo drásticamente del 43% al 10%.[320] Aunque esta cifra subiría a un promedio del 30% entre 1741 y 1755, todavía sería considerablemente más baja que las anteriores cuotas holandesas de participación en el comercio.[321]

Por lo tanto, la RCG logró reducir el contrabando—ampliamente durante ciertos períodos—pero nunca desapareció por completo. En 1779, un viajero holandés en Curazao, J.H. Hering, escribió que el comercio con Venezuela era peligroso debido a los guardacostas españoles. Agregó que solo se podían transportar pequeños cargamentos a Venezuela, pero que los españoles iban a

---

317 Ibid., 148.

318 Ibid., 149.

319 Hussey, 233.

320 Calculado a partir de las cifras de Klooster, 228-9. El año 1733 falta en los datos de Klooster.

321 Ibid. Los documentos posteriores a 1755 pertinentes a las exportaciones de cacao no se encuentran actualmente disponibles.

Curazao con más frecuencia. En la isla, podían "obtener un precio bastante bueno por su mercancía."[322]

Hering tenía razón. En 1757, la RCG informó que los comerciantes holandeses podían llegar a vender sus manufacturas 35% más barato que la compañía.[323] Así mismo, los comerciantes de Curazao podían comprar el cacao a un precio entre dos y cuatro veces mayor que el ofertado por la RCG. Cuando la compañía compraba la cosecha a 8 o 12 pesos la fanega, los comerciantes holandeses pagaban entre 24 y 26 pesos si se compraban en Venezuela, y entre 30 y 32 pesos si se adquirían en Curazao.[324] Entre 1769 y 1771, al menos 34 embarcaciones zarparon de Curazao en dirección a la Capitanía General de Venezuela. Estas transportaban más de 194.500 pesos en mercancías y regresaban con más de 229.275 pesos en monedas, 16.196 fanegas de cacao y 144.855 pieles.[325]

Finalmente, el contrabando causo su perjuicio y los poderes de la RCG se erosionaron. Después de décadas de reclamos de los propietarios de plantaciones venezolanas, los ideales florecientes del comercio libre salieron victoriosos en 1777 cuando la RCG perdió su monopolio. En ese momento, el superávit de la compañía había alcanzado los 1.8 millones de pesos. Sin embargo, después del estallido de la guerra en 1779, la fortuna de la compañía se debilitaría y en 1781 sus activos caerían a 1.17 millones de pesos. Para 1783, se había reducido a la mitad, totalizando 559.096 pesos.

Dos años después, la RCG anunció su liquidación. Pero en su lugar se crearía una nueva sociedad mercantil. La Compañía Filipina continuó abasteciendo a Venezuela de mercancías, exactamente 2.000 toneladas al año. La nueva entidad también recibió un monopolio de 25 años sobre el comercio con las Filipinas. Aunque

---

322 J.H. Hering, *Beschrijving van het eiland Curaçao* (Amsterdam: S. Emmering, 1969), 59: "vry goeden prys voor hunne Koopwaaren maken."

323 Hussey, 181.

324 Ibid., 273.

325 Ibid., 249.

la RCG se disolvió, los accionistas fueron animados a transferir sus activos a la nueva compañía. El período de "libre comercio" en Venezuela comenzó en 1780 y en Coro tres años después.[326]

Gracias a los esfuerzos de la RCG— en conjunto con los de la CIO y la SSC— Venezuela pasó de ser un subdesarrollado e ignorado pedazo de tierra en el vasto Imperio de España, a ser una Capitanía General y el orgullo de la madre patria.[327] La compañía impulsó la producción de cacao de la provincia, asestó golpes importantes a los contrabandistas y estimuló el comercio de personas esclavizadas, mientras experimentaba ella misma con esta práctica. Estas actividades dieron forma a la economía política de Coro—aquella cuyos revolucionarios darían la vida para deponerla.

Conclusiones

Ramírez Valderraín testificó ante la Real Audiencia de Venezuela en Caracas, dos días después de que Jacot presentara su censura. Fue enviado desde Coro para una deposición que duraría siete días. La primera pregunta a la que se enfrentó el deshonrado alguacil fue, si en algún momento, había sospechado que se avecinaba una insurrección, a lo que respondió rotundamente que "no."[328] Las siguientes cinco preguntas se referían a los bailes y canciones sediciosas que tanto preocupaban a Jacot y al Regente de la Corona.

Al principio, el alguacil negó categóricamente el hecho de que se hubiesen realizado celebraciones inusuales en los días previos a la rebelión. El juez continuó preguntando si alguien había hecho comentarios respecto a las canciones "abusivas." El infame líder respondió que

---

326 Ibid., 273-93.

327 Ibid., 87.

328 "Sublevacion de los negros de Coro, pieza 3," 1795, Criminales, Letra C, AGN, ff. 86.

no se había mencionado nada "antes de verificarse la sublevacion."[329] Añadió:

que los negros luangos o de Curaçao que habitan en un Barrio de la Ciudad llamado Guinea han acostumbrado siempre quando se retiran de las labores del campo en las visperas de fiesta poner baile al raso encendiendo su candelada, sino hay Luna, pero pidiendo siempre licencia a los Justicias Mayores que la han dado como el declar.te poniendo Guardia quando le ha parecido oportuno, y aun asistiendo el mismo a fin de evitar qualquiera desorden porque no hay otra diversión en aquella ciu.d suelen concurrir a ellas personas de todas clases, y hasta la hora de recogerse que en la media noches, los hombres y señoras principales del Pueblo: Que en estos bailes acostumbran los negros cantan en lengua que no se entiende sus canciones.[330]

Ramírez Valderraín declaró que recordaba haber escuchado el canto de "Pa 'semilla" en los bailes, pero que no comprendía su significado. Dijo que no fue sino hasta después del levantamiento cuando entendió que la expresión significaba: "los Negros trataban de extender su generacion en las Blancas."[331]

El punto general de Ramírez Valderraín era que no había forma de que él o cualquier otro funcionario hubieran sabido de antemano sobre la insurrección. Admitió que hubo bailes antes de la rebelión, pero insistió en que estos eran comunes en Guinea, al igual que el canto frecuente de canciones. Pero el Justicia Mayor también testificó el haberse percatado de escuchar amenazas en los himnos. Por lo tanto, se contradijo a sí mismo al revelar sin darse cuenta que, de hecho, hubo señales que apuntaban a una insurgencia en marcha.

No se sabe con claridad que resultó de las acusaciones de Jacot y de la defensa de Ramírez Valderraín. Pero la disputa apunta a una probable conspiración entre

---

329 Ibid.
330 Ibid.
331 Ibid.

la población mayormente criolla de la sierra y la comunidad de mayoría africana de Guinea. El testimonio de Jacot, combinado con el de Acosta, indican que "semilla" era una alegoría fundamental utilizada por ambos grupos.

Sin embargo, es poco probable que el alguacil haya estado involucrado en la insurrección. Las afirmaciones de Jacot se utilizaron para acentuar su argumento principal de que Ramírez Valderraín había fallado en sus responsabilidades. Parece que las acusaciones de traición de Jacot eran producto de una rivalidad personal entre los dos militares.

Luego de aplastada la rebelión —y mucho después de la muerte de Cocofío, González y Chirino— varios terratenientes recibieron indemnizaciones por parte de la Corona. Estas fueron entregadas para ayudar a los propietarios de las plantaciones por los daños sufridos durante la insurrección. De Acosta recibió una pensión de 300 pesos anuales. La heredera de don Josef Antonio Zárraga, doña Felipa Caro, al igual que su hijo e hija, recibieron 600 pesos anuales hasta que la niña se casó. Caro también obtuvo una dote de 2.000 pesos para la futura boda de su hija. Doña María Josefa Rosillo, la viuda de Don Joséf de Tellería, y sus dos hijas y tres hijos, fueron dotados de un pago de 100 pesos anuales cada uno. Los Tellerías varones recibirían este dinero hasta los 25 años y las mujeres lo cobrarían hasta su matrimonio o hasta su muerte. La familia Tellería también fue exonerada de impuestos y sus deudas quedaron pendientes hasta que los muchachos tuviesen edad suficiente para pagarlas.[332]

Los hacendados de Coro recibieron indemnizaciones ya que eran parte de una institución demasiado grande como para que fracasase. Ellos eran parte de la maquinaria atlántica que conectaba a funcionarios, comerciantes y terratenientes en las Américas con agentes mercantiles y oficiales militares en África, y a estos con mercaderes,

332 "Expediente."

especuladores y aristócratas en Europa. Esta economía política pudo funcionar debido a que los estados imperiales la apoyaban y a menudo garantizaban los activos de los blancos ricos. Los comerciantes y financieros de la clase alta, a su vez, respaldaban a estos imperios.

En ningún lugar se cristalizó más esta relación público-privada que en la estructura de las sociedades mercantiles europeas. La CIO fue creada para ser usada como arma en contra de sus rivales españoles al final de una tregua. Se concibió como medio para promover los intereses comerciales holandeses en África y las Américas, con total intención de implementar la fuerza si era necesario. El gobierno británico formó la SSC en gran parte por su necesidad de reestructurar la creciente deuda del país, pero también para conceder a sus mercaderes el acceso a los mercados hispanoamericanos. La provincia de Guipúzcoa y la Corona española crearon la RCG para acceder y desarrollar aún más la industria del cacao venezolano, que había estado dominada por rivales extranjeros, particularmente por los holandeses.

Aunque los comerciantes y accionistas esperaban obtener ganancias a partir de sus inversiones, también tenían otras razones para financiar estas operaciones. Respaldar financieramente a la CIO era una actividad segura por ser patrocinada gubernamentalmente y fungía como alternativa viable para la acumulación de dinero. Muchos inversores de la SSC se sintieron atraídos por la compañía debido a razones especulativas, ya que podían obtener grandes beneficios en cuestión de semanas. Antes de la rebelión de León en 1749, los patrocinadores de la RCG fueron persuadidos por la promesa de altos rendimientos en lo que esencialmente sería una nueva iniciativa colonial, dedicada a la reestructuración de la economía venezolana. Más tarde, los inversores se interesarían por al anuncio de un dividendo del 100% que garantizaba la devolución de su dinero.

Independientemente de sus motivos, la CIO, la SSC y la RCG crearon el Coro del siglo XVIII y la economía política racializada de la región. Operando durante más de siglo y medio, la CIO estableció un bastión holandés dentro del comercio de trabajadores esclavizados, promovió los intereses holandeses en este negocio y facilitó la toma de control sobre esta actividad para los comerciantes privados. La compañía también convirtió Curazao—ubicada a solo 96,5 Km (60 millas) de Coro—de ser un depósito de ganado español a ser la principal estación comercial del Gran Caribe. Mediante la adquisición del asiento, la SSC aumentó la participación de Gran Bretaña en el comercio de esclavos en lugares como Coro y ayudó a impulsar la hegemonía del Imperio sobre las aguas del Atlántico. A través de su monopolio del mercado venezolano y su principal producto, el cacao, la RCG avivó la economía adormecida de Coro. Para cerrar el ciclo, la RCG trabajó con la SSC para importar personas esclavizadas mientras reprimía intrusos holandeses bajo la protección de la CIO. Estas actividades aumentaron la población negra de Coro y crearon su economía de plantación.

Cuando los revolucionarios de Coro expresaron su deseo de eliminar a los blancos, lo hicieron porque su mundo se basaba en la supremacía del capital blanco y en la denigración de los trabajadores negros.[333] Pero este sistema fue incapaz de eliminar las prácticas políticas y económicas comunitarias que se interponían en el camino de sus designios—ni en Coro, ni en las tierras natales de los rebeldes.

333 El término "capital blanco" es tomado de W.E.B. DuBois. Ver: W.E.B. Du Bois, *Black Reconstruction in America, 1860-1880* (New York: The Free Press, 1935).

Capítulo 3

La Gente

Aislado, a los pies del monte Abantos, en la vasta naturaleza salvaje de la Sierra de Guadarrama, el prodigioso complejo de El Escorial es, al mismo tiempo, una rareza y una maravilla. Compuesto por un palacio real, una iglesia, un monasterio, una universidad y una biblioteca, este conjunto de edificaciones fue construido a fines del siglo XVI, durante el apogeo del Imperio español, a partir de las riquezas que fluyeron de la sangre de los pueblos africanos e indígenas.

El Escorial estaba decorado con pilares, altares y marcos de oro y sus techos se cubrían con murales pintados por los mejores artistas de España e Italia. Basta decir que el palacio y sus terrenos eran un territorio exclusivo, reservado para la familia real de España, los dignatarios visitantes y las principales luminarias del mundo europeo.

Debe de añadirse a esta lista a José Caridad González. Nacido en la costa de Loango y esclavizado de niño, González huyó de la esclavitud de Curazao para ser libre en Coro. Emprendedor y astuto, alcanzó una posición destacada en Venezuela y era conocido como el líder de la vasta y establecida comunidad de loangos en Coro. Cuatro años antes de la insurrección de 1795, González emprendió el largo viaje hasta El Escorial en un esfuerzo por reunirse con el rey Carlos IV (1788-1808). El 29 de octubre de 1791 González cumplió su distinguido objetivo.

La cita de González con el Rey de España desveló la fuente oculta detrás de las ideologías revolucionarias de los insurgentes. El líder loango se reunió con Carlos IV

Una fotografía del Monasterio del Escorial, tomada en 2019.
Creative Commons

para pedir tierras. Y es fácil entender el por qué. La tierra era la fuente de riqueza en la sociedad colonial. Pero para la mayoría de los rebeldes, no se trataba de riquezas.

Como fue el caso de casi todos los revolucionarios de Coro, los loangos o habîan nacido en África occidental y centro-occidental, o llevaban ya una o dos generaciones de haber sido arrancados del continente. En sus tierras natales practicaban en colectividad la cría y el cultivo, y la mano de obra y sus productos eran compartidos equitativamente. Costumbres como estas, anclaron las nociones de "igualdad" de los loangos, haciendo que la idea intelectual—la cual estaba muy de moda en el siglo XVIII—fuera tan tangible como abstracta.

Los loangos recrearon algunas de estas prácticas en Coro, pero encontraron problemas al hacerlo. Según explicó González al Rey, un prominente propietario de plantaciones los estaba desalojando de su tierra. Don Juan Antonio Zárraga actuó de esta manera ya que aseguraba que el

Carlos IV, Rey de España (1789), por el pintor español Francisco Goya (1746-1828)
Domino Público.

territorio le pertenecía y que los loangos estaban ocupándolo.

En una resolución que perjudicó a Zárraga y a las autoridades locales que lo apoyaron, el rey falló a favor de González. Le otorgó al líder loango una Real Orden por la propiedad. Según el documento, los loangos habían estado "disfrutando pacificamente un terreno en el territorio de S.ta Maria."[334] Hasta que Luis de Rojas, el jefe de la Milicia Negra de Coro, vendió el terreno a Zárraga. La orden estableció la nulidad de la venta, dado que Rojas nunca fue el dueño legítimo. Concluyó que González y los loangos debían recibir "justicia" sin "quejas...molestia ni vejacion alguna."[335]

Pero los loangos nunca recibieron lo debido. Incluso con la certificación legal que obtuvieron, continuaron siendo obligados a abandonar sus tierras. Y la lucha por Santa María de La Chapa persistió, hasta culminar en el levantamiento de 1795.[336]

El altercado legal entre Zárraga y González, que no se resolvió sino hasta la insurrección, fue solo el último acto de una riña que se remontaba décadas atrás. Fue documentado por primera vez, 20 años antes de ser recibida la Real Orden. En diciembre de 1771, Zárraga presionó con éxito a las autoridades de Coro para que expulsaran

---

334 "Real Orden," octubre 29, 1792, Caracas, 375, AGI.

335 Ibid.

336 "Expediente sobre la insurrección de los negros, zambos y mulatos proyectada en el año 1795 a las inmediaciones de la ciudad de Coro, Provincia de Caracas," 1795, Caracas, 426, AGI, ff. 372: "qualesquiera papeles que existtan en la Secrettaria de Capittania General, y escribanias de Govierno, relattivos al pleitto que sobre tierras seguian los negros luangos de Coro con la casa de Don Juan Antonio Zárraga."

violentamente del territorio a los loangos y como consecuencia fueron enviados a vivir a seis kilómetros (cuatro millas) de distancia, en Macuquita. El líder de la Milicia Negra de Coro, Rojas, manifestó que debido a lo numerosa que era la comunidad de loangos y la manera en que proliferaba su número, se le autorizó "a que podríamos poco a poco y con la mejor comodidad irlos mandando a la tierra realenga de dicho Macuquita, que son tierras más cómodas, más extensas y con mejores aguas."[337]

Pero el proceso distaba mucho de ser conveniente y cómodo; algunos loangos fueron encarcelados por la negativa a mudarse. Dos hombres pertenecientes a uno de los grupos detenidos, Francisco Bartolo y Juan Antonio Curazao, declararon ante un Tribunal de Caracas el 13 de abril de 1772. Confirmaron que habían estado encarcelados durante cinco meses, simplemente por cultivar su tierra. Bartolo y Curazao agregaron, "en este sitio se halla un vecino nombrado don Juan Antonio Zárraga que nos sirve de grande perjuicio, pues hasta el agua nos la ha quitado y nos procura desapropiar de toda la posesión."[338] Los presos también afirmaron que Zárraga le pagó a Rojas para "desapropiarnos de allí."[339]

Unos años más tarde, Zárraga expuso su versión de los hechos. Afirmó, "pretendieron perturbarme en las mismas tierras los negros libertos venidos de Curazao, sin otro fundamento que el de haberlos agregado en ellas con piadoso ánimo de que pudiesen mantenerse entre sí si se les daba dicho destino."[340] La afirmación de Zárraga de haber permitido que los loangos permanecieran en su tierra, para que estos luego lo estuviesen "perturbando", puede haber sido algo cierta. Como declaró Rojas anteriormente, la comunidad de loangos crecía continuamente, a medida que las familias se multiplicaban y los recién

---

337 Citado en: Miguel Acosta Saignes, *Vida de los esclavos negros en Venezuela* (La Habana: Casa de las Americas, 1978), 196.

338 Citado en: Rivas, Dovale Prado and Bello, 90.

339 Ibid.

340 Ibid., 89.

llegados arribaban de Curazao. Entonces, por un lado, parece probable que los loangos hayan ocupado tierras de La Chapa, en la creencia de que eran tierras no reclamadas. A medida que la comunidad crecía y sus campos se expandían, su presencia se convirtió en una molestia para su vecino—un propietario de plantaciones que posiblemente buscaba desarrollarse aún más. Pero, por otro lado, Zárraga no tenía ningún derecho legal sobre la tierra. De haberlo tenido, se hubiese registrado y el rey Carlos IV hubiese fallado a su favor. Parece que Zárraga era tan culpable de ocupación ilegal como lo eran los loangos.

El combate por La Chapa reflejó la otra gran batalla de los loangos durante el periodo: su lucha por las armas. Apenas ocho meses antes de la insurrección, el Justicia Mayor de Coro, Mariano Ramírez Valderraín, dividió a la Milicia Negra de la ciudad en dos. El equipo original, encabezado por Rosas, estaba compuesto principalmente por refugiados nacidos en Curazao previamente esclavizados. Pero debido al alto número de inmigrantes curazoleños, el alguacil accedió a formar un segundo equipo negro, compuesto exclusivamente por loangos nacidos en África. González y su contingente de loangos estaban ansiosos por formar una milicia para aumentar su poder, mientras se distanciaban de Rojas.[341]

Los loangos nacidos en África querían que González fuera el capitán de la milicia recién formada, pero encontraron problemas al designarlo. Cuando los confidentes de González —Juan Felipe Guillermo, Juan Bernardo y Domingo José Nicolás— hicieron la petición de una nueva milicia, Ramírez Valderraín les dijo que González no podía ser nombrado, debido a que se encontraba en Caracas. El jefe de la milicia tenía que estar presente para recibir un título oficial.

El alguacil terminó nombrando a otra persona como capitán. También afirmó que había enviado la petición de los hombres al Capitán General en Caracas, sin embargo,

341 "Sublevacion de los negros de Coro, pieza 3," 1795, Criminales, Letra C, AGN, ff. 96-100.

este respondió nombrando a Nicolás Soco como teniente (segundo a cargo) y a Juan Domingo Rojas como comandante. Juan Domingo era amigo íntimo de Juan Luiz Rojas (sin relación conocida) y miembro de su milicia. Soco y los loangos regresaron adonde el alguacil para insistirle en que González fuese nombrado capitán.[342]

Ramírez Valderraín compartía el punto de vista de los loangos, por ende, envío a Caracas una misiva junto con los tres loangos a fin de lograr una apelación. Guillermo, Bernardo y Nicolás partieron hacia la capital y regresaron acompañados de González, en enero o febrero de 1795. No se sabe con claridad si González se hizo cargo oficialmente de la milicia ante los ojos de las autoridades de Coro. Sin embargo, fue nombrado en la lista de 46 hombres que la nueva compañía entregó a los funcionarios de Coro, como Capitán de la unidad.[343]

Conflictos como estos motivaron a algunos loangos a participar en la planificación y ejecución de la rebelión. Juan Francisco Año Nuevo, quien trabajaba en la plantación El Socorro, fue acusado de planear la insurrección junto a Chirino en la casa de Juan Bernardo Chiquito.[344] En la primera noche del levantamiento, Juan Luis Martín, un loango nacido en África que vivía y trabajaba en la propiedad de Doña Nicolosa Acosta, fue identificado como el rebelde que encendió la cerilla que quemó la puerta de Acosta. Martín también fue uno de los dos espías rebeldes aprehendidos en Caujarao la noche del 11 de mayo. Martín y otro loango, conocido sólo como Flores, fueron supuestamente enviados a la ciudad para informar a González sobre el paradero de los revolucionarios.[345]

El misterioso "Flores" puede haber sido en realidad Juan Francisco Flor, un miembro establecido de la

342 Ibid.

343 "Expediente," ff. 47-9.

344 "Expedientes, sublevacion de esclavos en la sierra de Coro, 1795," 1795, Judiciales, A16-C54-D11183, ANH, ff. 87-95.

345 "Sublevacion," ff. 120-25.

milicia de González. Cinco meses después de la rebelión, el terrateniente blanco y oriundo del lugar, Don Juan Echave, informó que Martín era cabo en la milicia de loangos de González y que desempeñaba el mismo cargo con los insurgentes de Chirino en la sierra. Pero Martín no estaba enlistado como miembro de la fuerza armada de loangos.[346] Sin embargo, el cabo primero del grupo de González era Juan Francisco Flor.[347] Pareciera que Echave confundió a Martín con Flor, y que Flor es el "Flores" identificado como uno de los espías loango.

Horas después de que sus camaradas liberaran a Martín y a Flor, González y otros 21 loangos se presentaron en la casa del alguacil demandando armas. Llegaron a las 2 p.m. pasadas, el 11 de mayo, poco después de que el Justicia Mayor recibiera la noticia respecto al levantamiento que estaba desencadenándose. Pero cuando llegaron los loangos, 40 voluntarios blancos y pardos estaban posicionados a las afueras de su casa.[348]

Los loangos aparecieron con siete u ocho armas de fuego, pidiendo más para los que no portaban. El alguacil sospechó inmediatamente y aconsejó al ayudante de la milicia parda, Gabriel Garcés, que confiscara las armas que ellos llevaban consigo. El alguacil luego testificó que González "dijo obedecia pero con un modo que significaba repugnancia."[349] Ramírez Valderraín le comentó entonces a González, "aunque no dudaba de su fidelidad, y la de sus companyeros al Rey, pero como les decía que los levantados eran negros, convenia que el mismo Caridad, y dichos sus companyeros entrasen y se estuviesen en un quarto que esta en el mismo."[350] Seguido de esto, el jefe militar de Coro escoltó a los hombres a un dormitorio, aunque consideraba la detención como una

346 "Expediente," 315-17.
347 Ibid., ff. 47-9.
348 "Expedientes, sublevación de esclavos," ff. 111-16.
349 Ibid., 113.
350 Ibid.

precaución más que una necesidad. Los loangos permanecieron en la habitación hasta el día siguiente.[351]

Pero los hombres se resistieron a su confinamiento. Cinco meses después de la insurrección, el capitán Nicolás Antonio de Nava, Don Juan de la Paz y la mujer esclavizada Gabriela Sárraga, declararon que los loangos habían intentado escapar repetidas veces. Nava afirmó que González pedía constantemente que lo dejaran ir, "diciendo que el con sus veinte y dos negros armados, se obligava a prender a todos los sublevados."[352] En un momento dado, González intentó de arremeter contra la puerta del dormitorio. Como estaba cerrada y vigilada con guardias desde fuera, González comenzó "metiendo manos a la puerta pretendio forsarla a cuya accion abocandole un Trabuco y requeriendole a que se contubiera pues de lo contrario se quitava."[353] Nava agregó que González respondió a la amenaza quitando las manos y guardando silencio. El Capitán concluyó con que González "no bolvio a hablar, y amostaso al oir un cañonaso que tiro a los amotinados."[354]

Horas más tarde, la fuerza rebelde experimentó su primera derrota a manos de la soldadesca del ejército real de Coro. Después de la batalla decisiva, en la madrugada del 12 de mayo, 24 rebeldes fueron capturados y escoltados hasta el centro de la ciudad. Según Ramírez Valderraín, todos los prisioneros declararon lo siguiente:

> que el negro Luango Josef de la Caridad Gonzales que estubo en la corte, y en esa capital, pretendiendo la capitania de los de su nacion; havia inspirado mil errores a los esclabos y negros libres, diciendoles, que para los primeros havia traido real cédula en que su Magestad los daba por libres, y que los sugetos principales de esta ciudad se la havian ocultado; y a los segundos que auxiliando sus designios a la sublevacion con los esclabos,

---

351 Ibid.
352 "Expediente," ff. 309.
353 Ibid.
354 Ibid.

> serian los que mandasen despues en republica; en cuyo concierto es constancia universal entro en el zambo Leonardo cabesa de motin principal en la serrania, este havia de ser el que diese el primer movimento en los campos y quando vajase a la ciudad havia de auxiliarse de la gente que siguiera al Josef Caridad Gonzales.[355]

Las autoridades de Coro afirmaron que González les había estado diciendo a los negros que la ley de 1789 sobre el trato a las personas esclavizadas era en realidad un pronunciamiento de emancipación. Añadieron que González estaba afirmando que tenía las pruebas en sus manos—que el mismo Rey de España le había entregado una copia del decreto durante su visita en 1791.

Inmediatamente después de que los 24 insurgentes fueran brutalmente decapitados, el alguacil ordenó que González y los loangos fueran trasladados de su casa a la cárcel de Coro. El alguacil luego declaró que González fue asesinado durante el traslado cuando "emprendio fuga con dos de los mas inmediatos de su gente."[356] En septiembre de 1795, un administrador en Coro, Don Gerónimo Tinoco, brindó más detalles sobre lo ocurrido:

> al frente de la puerta de la carcel donde estaban tendidos los negros degollados horroisado sin duda de aquel espectaculo se escape de la escolta Charidad, y se puso en fuga con otros dos a quienes siguieron algunos de la misma escolta, y fueron muertos a sablasos y lansasos a poco trecho.[357]

González y sus dos compañeros murieron de forma espantosa la tarde del 12 de mayo de 1795. No solo fueron víctimas de puñaladas, sino que sus asesinatos se produjeron en medio de una macabra exhibición de 24 cuerpos decapitados. La lucha de González por la tierra y las armas terminó en su espantosa muerte, al igual que con la vida de sus compañeros.

---

355 "Expedientes, sublevación de esclavos," ff. 6-7.
356 Ibid., ff. 7-8.
357 Ibid.

Las vidas y muertes de los loangos de Coro señalan el significado que la tierra, la autonomía y la soberanía tenían para los revolucionarios de la región. Su deseo de igualdad e independencia se enfrentó al trabajo deshumanizador, la dependencia y la supremacía blanca. Al ser privados de los terrenos que ellos sentían tener el derecho a utilizar, algunos loangos respondieron formando una milicia y fomentando una revolución. Una vez tomado el poder supremo, se establecería una nueva república, presumiblemente similar a aquellas comunidades semiautónomas que ellos ya habían creado.

Los Loango Cumbés

El 7 de julio de 1775, la Compañía Holandesa de las Indias Occidentales (CIO) compiló un catálogo de personas esclavizadas escapadas de Curazao en los últimos 30 años. Era parte del esfuerzo de la compañía para solicitar reparaciones a la Corona española, quien ya había otorgado refugio a estos individuos en un intento por obstaculizar a sus rivales holandeses. Los amos de la isla informaron que habían perdido 537 personas durante este período. Según la compañía, absolutamente todos se habían instalado en Coro.

En su nuevo hogar estos individuos eran conocidos como loangos, descendieran o no de la costa africana portadora de este nombre. Los loangos eran una comunidad muy unida que residía en la ciudad de Coro y en los cumbés semiautónomos de la sierra. Cumbé era el término utilizado en Venezuela para describir un asentamiento fuera del control gubernamental y eclesiástico, aunque la mayoría de los cumbés estuviesen formados por cimarrones—personas negras anteriormente esclavizadas que escaparon ilegalmente de su condición.

Las comunidades cimarronas existieron a lo largo de todo el continente americano, a partir de la llegada de los primeros africanos esclavizados al hemisferio. En norte, sur y centro América, al igual que en las islas del Caribe, se han encontrado asentamientos. Desde un puñado de individuos hasta miles de ellos podían habitar estas comunas. Algunas comunidades duraban solo unos días o semanas, mientras que otras existieron durante décadas. Ciertos colectivos, como los de los loangos, eran legalmente autorizados. Pero la mayoría vivía bajo el ataque constante de los colonos blancos. A pesar de estas diferencias, hubo sorprendentes similitudes entre las comunidades cimarronas. Las estructuras sociales, económicas y políticas fueron consistentes a lo largo del tiempo y el espacio— y los cumbés de los loangos no fueron excepción a esta norma.[358]

Según el registro de la CIO, cada año alrededor de 18 personas huían de la esclavitud en Curazao para vivir libres en Coro. En casi todas las comunidades cimarronas de América, ocurrió, que la gran mayoría era masculina. Las mujeres representaban el 79% de aquellos que se fugaron durante el período en cuestión, lo que significa que un promedio de dos o tres mujeres escapaba cada año de Curazao hacia Coro. Gran parte de ellas se llevaba a sus hijos consigo. Veintidós jóvenes huyeron de la isla rumbo a la provincia durante este tiempo, cabe destacar que 16 de ellos venían con sus madres. Solo seis muchachos viajaron solos a Coro.

Es evidente que la mayoría de los hombres que se asentaron en Coro estaban casados y tenían hijos. Pero en su conjunto, las mujeres (14,71%) y los niños (4,1%) constituían sólo el 18,81% de los refugiados, mientras que los hombres adultos representaban más del 81%.[359] Esto significa que la mayoría de los hombres loangos se casaron con mujeres negras nacidas en Venezuela. La esposa de González, por ejemplo, Jossefa Leonarda de

---

358 Alvin O. Thompson, *Flight to Freedom: African Runaways and Maroons in the Americas* (Jamaica, Barbados, Trinidad and Tobago: University of West Indies Press, 2006).

359 "Lyst der slaaven," WIC, 610, July 7, 1775, NAN, ff. 292-301. Era menos probable que las mujeres se fugasen debido a que sus obligaciones familiares eran comparativamente más importantes que las de los hombres.

Refugiados de Curazao a Coro, 1745-1774

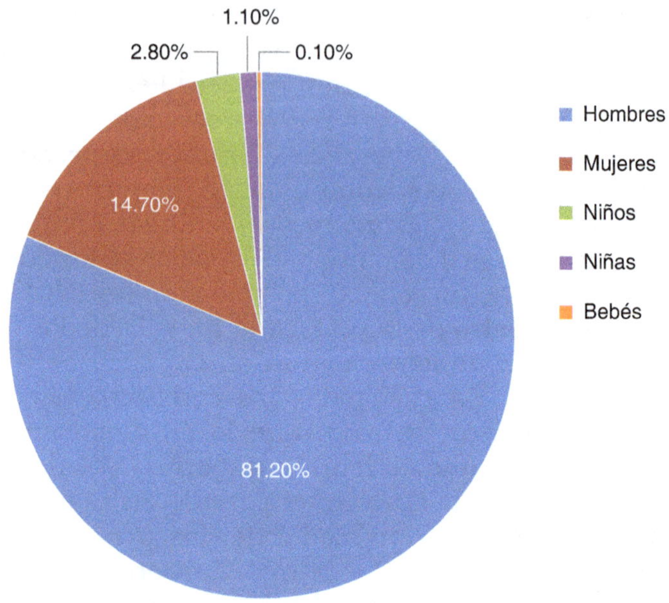

Piña, nació en Coro, era legalmente libre y clasificada sexualmente y por la raza como mulata.[360]

Cientos de personas vivían en las comunidades organizadas de loangos. Un mes después de la rebelión, el ayuntamiento de Coro informó que "componen una numerosa congresacion unida en casas y conucos, con una especie de economia y republicas."[361] El ayuntamiento agregó que los cumbés eran entidades "formidables" debido a que los loangos "exigen desus indibiduos contribucion q ban depositando en las cajas de comunidad para sus urgencias publicas."[362]

Cada hogar en el cumbé tenía su propio huerto donde las familias plantaban vegetales, como repollo y maíz, y criaban animales de granja.[363] De eso se comía en los

---

360 "Expediente," ff. 301-3.
361 "Informe por el Ayuntamiento de Coro," April 21, 1796, Caracas, 95, AGI.
362 Ibid.
363 "Sublevacion," ff. 94-5.

hogares loangos. En la documentación referida a las tierras de loangos en la sierra, se suele emplear la forma plural del término conuco (conucos), lo que sugiere que cada cumbé tenía más de un conuco. Esto concuerda con el modelo implementado en la mayoría de las plantaciones de Coro, donde se asignaba a los individuos esclavizados una parcela de tierra, con la idea de que pudieran alimentarse a sí mismos y a sus familias. Esta práctica también era típica en las tierras natales de los loangos.

Sobre las costumbres agrícolas en los cumbés de los loangos, la evidencia esta dispersa, pero una imagen más completa surge al estudiar las prácticas de otras comunas cimarrones en las Américas. En Venezuela, en septiembre de 1794, Miguel Guacamayo fue aprehendido tras pasar diez años en un cumbé.[364] Después de su arresto, Guacamayo habló sobre la importancia de la tierra en su asentimiento y afirmó que quien se negase a trabajar el terreno "era expulsado de la comunidad."[365] Los cimarrones Trelawny de Jamaica cultivaban alrededor de 100 acres de tierra donde sembraban plátanos, mandioca, maíz y cultivos comerciales, tales como el tabaco y el cacao. Las mujeres hacían la mayor parte del cultivo y los hombres criaban el ganado.[366] La agricultura era la principal actividad económica de los Palmares de Brasil, siendo su cultivo más importante el maíz, que se cultivaba en plantaciones dos veces al año. Después de la temporada de cultivo del maíz, los miembros de la comunidad tomaban dos semanas de descanso.[367]

Los recursos se distribuían equitativamente en las comunidades cimarrones. Viviendo en lugares cerrados

---

364 Federico Brito Figueroa, *El problema de tierra y esclavos en la historia de Venezuela* (Caracas: Universidad Central de Venezuela, 1985), 238-9. Todavía no se sabe con precisión si Guacamayo vivió o no, en uno de los cumbés de los Valles del Tuy en Aragua, a las afueras de Caracas, o si fue en Yaracuy, a las afueras de Puerto Cabello.

365 Ibid., 240.

366 Casey Robinson, *The Fighting Maroons of Jamaica* (Jamaica: William Collins and Sangster, 1969), 68-9.

367 Edison Carneiro, *O quilombo dos Palmares* (Rio de Janeiro: Editora Civilização Brasileira, 1966), 28.

y en situaciones precarias, mantenerse unidos era de suma importancia para estos grupos. La concordia se lograba al garantizar que todos tuviesen sus necesidades satisfechas. Al igual, había pocos incentivos para la acumulación de riqueza, no solo por la pequeña cantidad de bienes disponibles, sino también por la necesidad de desarraigar y mudar los asentamientos con frecuencia.[368] En Cuba, la mayoría de las comunidades cimarronas poseían tierras en común, y es seguro asumir que la distribución se llevaba a cabo de manera similar.[369] Esto se demuestra con el nombre de la comunidad cimarrona más grande de Cuba, Todos Tenemos.

Los miembros de los cumbés loangos también cazaban, pescaban, y recolectaban frutas y verduras silvestres. El ayuntamiento de Coro afirmó que los niños loangos se "dedican a coger frutas libertres."[370] La recolección de plantas silvestres era una práctica común en las comunidades cimarronas.[371] La caza y la pesca eran fuentes clave de alimento para los miembros de la comunidad de Palmares, al igual que las actividades de manufactura como moldear cuencos de cerámica y tejer cestas, sombreros y abanicos.[372] Los hombres de las comunidades cimarronas de Jamaica cazaban aves y atrapaban tortugas, mientras que ambos sexos se dedicaban a la producción de sal para el consumo local.[373]

Los bienes agrícolas—incluidos cultivos comerciales, tales como el azúcar, el tabaco y el cacao—se consumían en las comunidades de loangos, pero algunos se trocaban en los mercados locales. En su testimonio de

---

368 Thompson, 212.

369 Gabino La Rosa Corzo, *Runaway Slave Settlements in Cuba: Resistance and Repression* (Chapel Hill and London: The University of North Carolina Press, 2003), 231-2.

370 "Informe".

371 Thompson, 249.

372 Carneiro, 2.

373 Mavis C. Campbell, *The Maroons of Jamaica, 1655-1796: A History of Resistance, Collaboration & Betrayal* (Trenton, N.J.: Africa World Press, 1990), 47.

1772, Bartolo y Curazao afirmaron que ellos cultivaron tierra en La Chapa "con frutos no solo para los suplicantes sino también para los vecinos de aquella ciudad."[374] Además, como se vio en el último capítulo, el miembro de la milicia parda, Gabriel Garcés, trabajó con los loangos para comercializar algunos de los cultivos que ellos cosechaban.[375]

Aunque los asentamientos de loangos en Coro eran comunales, existía una jerarquía de mando donde los líderes gozaban de algunas ventajas materiales sobre el resto.[376] Después de obtener la Real Orden, González ascendió a una posición de poder en su comunidad. El 2 de junio, pocas semanas después a la rebelión, el Capitán Don Manuel de Carrera escribió que González "se conbirtio tambien en un regulo o casique de esclavos que lo regalavan, attendian y concideravan tantto que sin fatiga, ni industria vivia ocioso y comodamente en la apacible tranquilidad de la ciudad."[377] Carrera agregó que los seguidores de González eran como sus "tributarios".[378]

Esta representación es probablemente una exageración. Ramírez Valderraín también indicó que González ocupaba un puesto especial dentro de su comunidad, pero que este dependía de los servicios que él pudiera brindarle al grupo. El alguacil declaró que la esposa de González, De Piña, había acudido a él el año anterior a la insurrección para denunciar que los loangos no le estaban proporcionando el sustento necesario durante la ausencia de González.[379] Pero el alguacil aseguró que los loangos habían llegado a este acuerdo con González y De Piña, debido a que este se encontraba en "Madrid

374 Rivas, Dovale Prado, and Bello, 90.

375 Carneiro, 2; Thompson, 258.

376 Como señala Thompson, esto es típico de la mayoría, sino todas, las sociedades comunales. Ver: Thompson, 211.

377 "Expediente," ff. 89

378 Ibid., ff. 90.

379 "Sublevación," ff. 101-3.

y Caracas haciendo recados en interés de los mismos luangos negros."[380] Por lo tanto, el servicio brindado por sus seguidores era a cambio de la asistencia brindada por González a la comunidad.

Los lazos se forjaron aún más a través del lenguaje y la costumbre. El ayuntamiento testificó que los loangos "conservan su estrangero dialecto en el idioma con tanta exactitude q noze disiernen los advenedisos de los naturales aun que sean distintos."[381] Ramírez Valderraín volvió a señalar este punto en los meses posteriores a la rebelión cuando declaró: "no entendia sus combersaciones por que era en su idioma olandés, o de Guinea."[382]

Al igual que los asentamientos cimarrones en otras localidades, los loangos practicaban una política de puertas abiertas. Prácticamente cualquiera que quisiera unirse a la comunidad era bienvenido. Incluso, es posible que hayan aceptado esclavos nacidos en Venezuela que hubiesen escapado de sus amos.[383]

Los cumbés de los loangos también tenían su propio sistema legal. El ayuntamiento de Coro testificó que "disponen con autoridad conferida por simismos lo q conciben combeniente a su goverio, prendiendo, apremiando, y castigando segun su barbaro y despotico capricho."[384] Al igual que las comunidades cimarronas en otros lugares, las comunidades de loangos tenían reglas, regulaciones, honores y sanciones basados en sus leyes establecidas.[385] Pero los loangos no estaban totalmente fuera de la influencia de las autoridades coloniales. Como se vio anteriormente, sus tierras fueron confiscadas y algunos fueron arrestados a causa de su pelea con el dueño de una plantación vecina.

---

380 Ibid.
381 "Informe".
382 "Expediente," ff. 302.
383 Acosta Saignes, 196.
384 "Informe".
385 Thompson, 223.

Los loangos también estaban dentro de la órbita de la Iglesia Católica. Después de la insurrección, el ayuntamiento de Coro se quejó de la "abundancia de gente de la infima plebe." Afirmaron haber encontrado evidencia del número de loangos en los registros de bautismo locales, lo que parece indicar que la mayoría fue sometida a la ceremonia católica.[386] Pero el ayuntamiento agregó que los loangos no habían tenido apoyo espiritual durante más de un año.

El arzobispo de Caracas, Mariano Martí, se anticipó a la preocupación del ayuntamiento 21 años antes de la insurrección. Informó que la sierra de Coro estaba altamente poblada y que muchos eran "negros venidos de la isla de Curazao."[387] Martí aunó que debido a que los sacerdotes se establecieron en pueblos aledaños a la sierra y no en los mismos cerros, los loangos habían carecido de atención espiritual.

Los funcionarios de Coro pensaron que esta falta de orientación—junto con los tropos racistas en que creían—condujo a los loangos hacia un comportamiento criminal. En el informe del ayuntamiento de 1795, reclamaron que la "conducta" de los loangos "es estragada e incorrigible", y que las cárceles de Coro estaban repletas de estos individuos, entre los cuales la gran mayoría estaba encarcelada debido al robo de haciendas locales.[388] De hecho, es posible que algunos loangos se hayan dedicado al robo de ganado, cultivos y herramientas de plantaciones vecinas, ya que esta era una práctica común entre las comunidades cimarronas del hemisferio.[389]

Es probable que 15 años antes a la insurrección, el mismo González haya sido buscado por robo. En 1780, el Justicia Mayor de Coro llevó a cabo una investigación contra Josef Colina, clasificado en términos raciales

---

386 "Informe".

387 Mariano Martí, *Documentos relativos a su visita pastoral de la Diócesis de Caracas (1771-1784): providencias* (Caracas: ANH, 1969), 64.

388 Ibid.

389 Thompson, 239.

como pardo, y Josef Charidad Moreno, cuyo apellido indica su color de piel negra. (Durante este período histórico, la ortografía de los nombres no estaba estandarizada, como consecuencia, los registros legales de los individuos incluían varias maneras de escribir sus nombres). Colina y Charidad fueron acusados de robo de cultivo y de ganado en las haciendas de Adaure, adyacentes a su cumbé. Varios testigos fueron apelados para declarar que habían visto a Colina robando productos agrícolas, sin embargo, el acusado negó haber cometido delito alguno. Josef Charidad nunca fue encontrado ni interrogado sobre estas acusaciones, de igual modo, el destino de Colina no está documentado.

Debido a que el Josef Charidad perseguido en este caso nunca fue encontrado, es imposible decir si este es el mismo individuo acusado de orquestar la insurrección. A pesar de que el alguacil de Coro estaba llevando a cabo la investigación, Adaure se encontraba a 80 km (50 millas) de la ciudad y a 112 km (70 millas) de la sierra. Sea o no sea González esta persona, el incidente indica que al menos un habitante de un cumbé en la región estaba siendo buscado por robo de productos en las haciendas.[390]

La economía política de los cumbés de loangos en Coro era homóloga a aquella de las comunidades cimarronas en las Américas. Aunque incapaces de romper completamente con el control colonial, algunos colectivos cimarrones disfrutaron de una autonomía considerable. Los loangos mantuvieron sus lenguas nativas y desarrollaron otras nuevas. Tenían su propio sistema legal, aunque a veces les trajese problemas con los funcionarios. Para concluir, los loangos practicaban un estilo de vida agrario en el que la tierra, sus frutos y su carne de caza estaban disponibles para todos los miembros. Estas prácticas no se crearon en el vacío: fueron basadas en las relaciones sociales de sus países de origen.

390 "Contra José Colina y José Caridad Moreno por robo," 1780-1781, Casos Criminales, AHF.

La Costa de Oro

Aunque es posible que haya nacido esclavizado, el abolicionista de renombre mundial, Quoba Ottobah Cugoano, vivió una infancia sin preocupaciones. En sus memorias de 1787, el nativo de la Costa de Oro escribió que su crianza estuvo llena de momentos de "paz y tranquilidad." Pero al igual que todos los niños, él y sus amigos también disfrutaban jugando, armando desorden y rompiendo las reglas. A menudo eran "demasiado aventureros" y regularmente se adentraban "en el bosque para recolectar frutas, atrapar pájaros y disfrutar de aquellas diversiones que tanto placer les causaban."[391]

Cugoano nació en el pueblo costero de Ajumako. Su padre era "compañero" del jefe de la ciudad, por lo que Cugoano creció en una residencia de gran tamaño con sus parientes y otras familias.[392] Siguiendo las costumbres de las personas esclavizadas en las comunidades indígenas, Cugoano fue enviado a vivir con otros durante su infancia. Primero fue enviado a vivir con el sobrino del líder después de que este muriera, para luego mudarse con su tío, quién tenía "cientos de parientes", lo que da a entender, que tenía muchas esposas e hijos. Aunque pudo haber sido un esclavo, Cugoano aparentemente no lo sabía— debido a que lo trataban como miembro de la familia dondequiera que viviese.[393]

Pero la suerte del joven cambió rápidamente. "Un grupo de infames rufianes" lo confrontaron junto a sus compañeros mientras realizaban una excursión de rutina. Los agresores afirmaron que los muchachos "habían cometido una falta contra su señor." Cuando los chicos intentaron huir, los maleantes los detuvieron, desenfundando "pistolas y alfanjes."[394]

---

391 Quobna Ottobah Cugoano, *Thoughts and Sentiments on the Evil of Slavery* (New York: Penguin Books, 1999), 12.

392 Ibid.

393 Ibid.

394 Ibid., 13.

Los jóvenes fueron secuestrados. Después de viajar una distancia considerable, fueron ubicados en casas separadas. Desesperado por regresar a su comunidad, Cugoano pasó seis días en la residencia de un hombre desconocido. Se negó a comer hasta que el extraño le prometió que lo llevaría de regreso con su tío. Finalmente, Cugoano comería "un poco de fruta con él", pero el hombre había mentido. Cugoano no volvería a casa.[395] Pronto el niño se enfrentaría a rufianes de una naturaleza aún más nefaria cuando "vi a muchas personas blancas y me asuste porque pensé que me iban a comer".[396]

Los hombres de rostro pálido no ingirieron al niño de 13 años en el sentido literal, pero la vida de Cugoano sería consumida por la trata de esclavos en el Atlántico. Después de su secuestro, trabajó como esclavo en el Caribe hasta que alcanzó la libertad. Cugoano dedicaría entonces su vida a denunciar la institución y a buscar su destrucción.

Muchos de los loangos de Coro fueron esclavizados en la misma región y de la misma manera que Cugoano. Y siendo sus contemporáneos, es posible que algunos se hayan topado con el renombrado abolicionista en algún momento de sus vidas. Estos orígenes no se perdieron en Coro. Las autoridades reales generalmente se referían a los cimarrones como loangos, pero a veces escribían "loango o mina" en los registros oficiales.

Mina era un indicador étnico utilizado en el Atlántico para referirse a alguien originario de la Costa de Oro. El término mina fue tomado de Elmina, nombre que recibía el fuerte más grande de la región. Elmina era una variante de la denominación original que los portugueses le dieron al castillo, São Jorge da Mina. Se referían a la región como Costa da Mina debido a sus grandes depósitos de oro.[397]

---

395 Ibid., 14.

396 Ibid.

397 Ivor Wilks, *Forests of Gold: Essays on the Akan and the Kingdom of Asante* (Athens: Ohio University Press, 1993), 4.

Las costumbres sociales, políticas y económicas de la Costa da Mina, o la Costa de Oro, dieron forma a aquellas de los asentamientos cimarrones en América. La cría y el cultivo en colectividad entraron en contacto con principios comunales, para así crear una sociedad más económicamente igualitaria. Los jefes de familia (generalmente hombres) eran responsables de los demás miembros de la casa, cuyo número podía ascender a las docenas. Esta práctica se expandió a los niveles de la ciudad, de la amplia confederación de pueblos y del reino.[398] Este sistema fue reforzado por la concepción hegemónica de consanguinidad en la que los miembros de la comunidad eran considerados parientes —hermanos y hermanas— vinculados por un ancestro común.

La región conocida como la Costa de Oro sería aproximadamente colindante con la actual Ghana. El grupo étnico más numeroso del territorio era los akanes, quienes habitaban los bosques del interior de la costa que iban rio arriba a lo largo del Volta Negro. Los ga eran la segunda etnia más grande y vivían principalmente bordeando la costa este. Los pueblos autóctonos de la Costa de Oro se conocen como guan. Durante el siglo XVIII, los guan vivieron repartidos entre los akanes y los ga, sin embargo, se concentraron principalmente en la costa, cerca de Winneba. Los ga y los akanes hablaban lenguas kwa, las cuales eran mutuamente inteligibles. Aunque es motivo de controversia saber cuándo arribaron los dos rezagados a la Costa de Oro, probablemente fue durante algún momento del siglo XIII.[399] La Gran Nación Asante, el estado más grande de los akanes en el siglo XVIII, era la sociedad indígena más poderosa de la Costa de Oro.[400] Los asantes llegaron a ejercer la

398 K.Y. Daaku, "Aspects of Precolonial Akan Economy," *The International Journal of African Historical Studies* 5:2 (1972): 245.

399 Kwame Yeboa Daaku, *Trade and Politics on the Gold Coast, 1600-1720* (Oxford: The Clarendon Press, 1970), 1-2; J.K. Flynn, *Asante and Its Neighbors, 1700-1807* (London: Northwestern University Press, 1971), 4.

400 Comparto la decisión de Kwame Arhin de evitar el término "imperio" cuando se hable sobre los asantes y en su lugar utilizar el término: Gran

autoridad durante los siglos XV y XVI, al desarrollar una sociedad agraria.

Las organizaciones políticas de los akanes, de los ga y de los guanes seguían un sistema social cuya base era el hogar. Una morada típica estaba dirigida por un cabeza de familia, que generalmente era hombre y padre. La poligamia era común y el jefe de la casa podía tener una o más esposas. La residencia también incluía hijos solteros, hijos casados y sus familias, la madre del jefe del hogar, hermanos menores y hermanas solteras, y los hijos e hijas de las hermanas casadas del jefe del hogar. Los sirvientes también eran considerados parte de la familia, por consiguiente, los peones, así como las personas esclavizadas y sus descendientes, se estimaban como parientes.[401]

La agricultura era la base de la actividad económica. Los hombres, libres y esclavizados, talaban los bosques para cultivar el terreno. Esta práctica era el aspecto de mano de obra más intenso en la producción, sin embargo, la mayor parte de esta actividad se realizaba una vez cada tres años. Los hombres talaban árboles, y cercaban y deshierbaban los campos durante la temporada de desmonte. Las familias cultivaban alrededor de dos acres y medio de tierra cada tres años antes de abandonar los terrenos por otros nuevos. El suelo de los campos despejados debía barbecharse cada tres años y no podía replantarse hasta una vez recobrada la tierra, lo que podía tomar al menos diez años.[402]

Las mujeres y los niños cosechaban los cultivos, mientras los hombres se dedicaban al ganado.[403] Las familias

---

Nación Asante. Los historiadores ya han dejado claro, como la expansión de los asantes tuvo el efecto de unir a un pueblo, haciendo de este un proceso expansivo bastante diferente a aquellos del imperialismo. Ver: Kwame Arhin, "The Structure of Greater Ashanti (1700-1824)," *The Journal of African History* 8:1 (1967): 65-85.

401 Akosua Adoma Perbi, *A History of Indigenous Slavery in Ghana: From the 15th to the 19th Century* (Legon: Sub-Saharan Publishers, 2004), 112.

402 Wilks, 46-63.

403 Mi empleo de los términos "mujer" y "hombre" no tiene como finalidad naturalizar estos conceptos, los cuales son socialmente construidos. Pero los

plantaban cereales, frutas y verduras, tales como arroz, maíz, ñame, mandioca y piña.[404] Los hombres de las familias criaban el ganado, ovejas, cabras, cerdos, caballos y burros.[405] La siembra y cosecha de los productos agrícolas puede haber requerido tan solo 83 días laborales cada tres años. Esto habría dado a las mujeres y niños tiempo suficiente para las artes, la educación y el esparcimiento, así como para otras actividades económicas, como la artesanía y el comercio.[406]

Durante el siglo XVIII, los hombres utilizaron pistolas, lanzas, y arcos y flechas para la caza que se destinaba tanto para el consumo como para la venta. Los equipos de búsqueda salían temprano por la mañana de sus hogares y regresaban por la noche con comida y / o marfil.[407] Un viajero tártaro de principios del siglo XIX notó que los cazadores de la Costa de Oro sumergían sus flechas en veneno. A veces, los cazadores podían acechar a sus presas durante días.[408] La pesca era más importante en la costa, donde los hombres arrojaban sus sedales y redes, y las mujeres preparaban la carne.[409]

Los productores independientes también extraían oro. Las mujeres conseguían gran parte del metal cribando los lechos de los ríos, los depósitos de aluviones sueltos y en la arena costera. Esta actividad no estaba gravada y cualquiera podía realizarla. Pero los líderes locales también participaron en la extracción de oro como actividad industrial, empleando a hombres esclavizados como mineros.[410] Antes que la trata de esclavos se apoderara

---

indígenas africanos y los europeos imperialistas utilizaron los términos, existentes en el Atlántico africano, correspondientes a la división de trabajo de acuerdo al género

404 Wilks, 52; Perbi, 72.

405 Perbi, 75.

406 Wilks, 60.

407 Ibid., 76.

408 Wargee of Astrakhan, "The African Travels of Wargee," in *Africa Remembered: Narratives by West Africans from the Era of the Slave Trade*, ed. Philip D. Curtin (Prospect Heights, Illinois: Waveland Press, 1967), 181.

409 Ibid., 76-7.

410 Ibid., 83-7.

de la economía de la región durante el siglo XVII, el oro era el principal producto comercializado a los extranjeros. De hecho, desde la antigua época romana, ya los pueblos de la Costa de Oro suministraban el metal a los mercados europeos.[411]

Los grupos de asantes se consideraban una familia nuclear ampliada, por ello, parte del papel de la clase gobernante era garantizar que todos tuvieran acceso a una parte equitativa de su herencia.[412] En el siglo XVIII, quien se sentase sobre el Taburete Dorado era considerado como jefe de estado. La reina madre, que ostentaba el poder de veto, lo ayudaba en sus funciones. Los ancianos mayores, que estaban a cargo del ejército, eran siguientes en la jerarquía.[413] El ocupante del Taburete era el fideicomisario de todas las tierras, pero en la práctica, los custodios eran los líderes o jefes de las ciudades. A estos jefes delegados se les confiaba la tarea de garantizar que todos los miembros de la comunidad pudieran cultivar. Al cabeza de familia se les adjudicaba un territorio, que luego dividían entre cada miembro del hogar.[414] De manera similar, el mercadeo y el comercio eran gratuitos para todas las personas y familias, con una mínima interferencia estatal.

Pero la sociedad de los asantes estaba lejos de ser idílica y su gobierno tenía una gran cantidad de enemigos. Antes del cambio de siglo, la nación Asante comenzó a unificar varias ciudades que rodeaban Kumasi, lugar que más tarde pasaría a ser su capital. Para 1701, el grupo había crecido tanto que empezó a rechazar el pago de tributos a los denkyiras, quienes eran el reino dominante para la época. Aunque los asantes lograron establecerse como el poder gobernante de la Costa de Oro, los leales a los denkyiras todavía se encontraban dispersos por toda la región y se negaban a jurar

411 Perbi, 83.
412 Daaku, "Aspects," 245.
413 Ibid., 94.
414 Daaku, *Trade*, 50-1; Daaku, "Aspects," 241-5.

lealtad.[415] Otros pueblos se rehusaron a la cantidad de tributo que les correspondía pagar, mientras que otros rechazaron la presencia militar de los asantes.[416] El país se encontró así en un flujo continuo de conflicto, que alimentó el comercio atlántico de esclavos.

La mayoría de las personas en la Costa de Oro fueron esclavizadas por la guerra, sin importar si eran mantenidos en la región o vendidos a los europeos. Las historias orales contemporáneas muestran que el 31% de los encuestados consideró que la guerra era "muy importante" para adquirir esclavos, mientras que el 26% señaló la importancia de los mercados locales. Los secuestros, los tributos y los empeños registraron un 10% en la encuesta cada uno.[417]

Había al menos 63 mercados de esclavos que eran autóctonos de la Costa de Oro. Treinta de ellos se encontraban junto al mar, mientras que los 33 restantes yacían esparcidos en el interior.[418] En estos mercados, los individuos esclavizados se intercambiaban por una variedad de otros productos, tales como conchas de cauri, marfil, hierro, armas y textiles. Las mercancías europeas eran muy apreciadas y siempre estaban disponibles.

Salaga era el mercado más grande de la región. Se encontraba a 193 km (120 millas) al noreste de Kumasi y a 386 km (240 millas) de la costa. Compradores y vendedores, de lugares tan remotos como la Nigeria y la Burkina Faso de hoy en día, viajaban hasta estos lugares para comerciar. El mercado de Salaga se dividía en dos secciones: la primera para el comercio de esclavos y la segunda para el resto de los bienes. Las mercancías se colocaban sobre tapetes que yacían en el suelo. Las personas esclavizadas se encadenaban en grupos de 10 o 15, sujetadas con grilletes en los cuellos y en las

415 Daaku, *Trade*, 144-60.
416 Ibid., 78.
417 Perbi, 28.
418 Ibid., 37.

Mapa de la Costa de Oro.

cinturas.[419] Muchos de estos individuos nunca llegaban a los barcos europeos y pasaban el resto de sus vidas como esclavos en la Costa de Oro.

La esclavitud en la región fue radicalmente diferente a aquella de las Américas. Aunque las personas esclavizadas estaban marcadas por su condición, muchas de ellas gozaban de los mismos derechos que algunos miembros en las familias. Tenían la misma libertad para plantar, comer, comerciar, vestirse y recibir protección. Las personas esclavizadas en la Costa de Oro podían tener ingresos independientes, poseer propiedades y heredar las posesiones de su amo. Los esclavos también podían ascender a puestos de autoridad. De hecho, el 20% de los Taburetes Dorados, o de los nombramientos de cargos reales, fueron otorgado a personas esclavizadas.[420]

419 Ibid., 47.
420 Ibid., 142.

Pero la esclavitud limitaba las posibilidades de los individuos en la vida y, en última instancia, las personas esclavizadas se consideraban como una clase inferior y separada. Los hombres y mujeres esclavizados comían con las mujeres libres del hogar, claro está, separados de los hombres libres. Se esperaba de ellos que se vistiesen con modestia y que cumpliesen con la debida prohibición de usar oro. El estatus de las personas esclavizadas nunca era olvidado durante sus vidas. No fue sino hasta la tercera o cuarta generación que empezaron a ser considerados como miembros iguales de las familias.[421]

Las sociedades de la Costa de Oro modelaron la vida en los cumbés de los loangos. En la región de África occidental y en los asentamientos de Coro, se practicaba una economía política arraigada en la agricultura comunal y reforzada por la industria independiente, la caza, la recolección y el comercio. A pesar de las importantes divisiones —de clase, etnia, sexo y política—las nociones de consanguinidad y de una distribución equitativa de los recursos, unieron a las comunidades de la Costa de Oro. Y La Costa de Loango no era diferente.

La Costa de Loango

Siendo el almacén de humanos más grande del mundo y el hogar de un reino antiguamente dominante y místico; la Costa de Loango logro hechizar a la élite literaria de Europa. Esto fue más evidente en Francia, cuyo formidable Imperio funcionaba con la sangre, el sudor y las lágrimas de los africanos, muchos de ellos provenientes de la famosa costa. Varios viajeros franceses visitaron la región de Loango durante la edad moderna temprana y publicaron crónicas de sus aventuras al regresar a casa.

Quizás el título más notable fue el libro de 1776 de Liévain Bonaventure Proyart, *Histoire de Loango, Kakongo, et autres Royaumes d'Afrique.* Proyart dedicó casi la mitad de su trabajo proto-etnográfico de 400 páginas

---

421 Ibid., 113-32.

al estudio de las costumbres sociales en la costa— prácticas religiosas, ceremonias matrimoniales, relaciones familiares, idioma, comercio y gobierno. Describió a los pueblos de la región como "humanos y serviciales, incluso con extraños y aquellos de quienes no esperan nada a cambio."[422] Estaban "dispuestos a compartir lo poco que tenían con aquellos que ellos sabían lo necesitaban." Para finalizar agregó, "si están satisfechos con la caza o la pesca, y han obtenido alguna presa rara, corren a avisarles a sus amigos y vecinos, llevándoles su porción correspondiente."[423]

Típico de los relatos de los viajeros durante el período, Proyart pintó el cuadro de un pueblo benevolente pero atrasado. Dada la proximidad temporal del texto a la Revolución Francesa y a los grandes tratados sobre la igualdad del hombre, se podría pensar que se trataba de la representación fantástica de un utópico que proyectaba sus ideales en una sociedad extranjera. Pero de ser este el caso, Proyart no cumple con los requisitos. Era un católico devoto y servidor leal de Luis XVI. Acérrimo y notable oponente de la Revolución Francesa, autor de una feroz biografía sobre Maximilien Robespierre, llamada *Vie et crime de Robespierre, surnommé le tyran* (Vida y crímenes de Robespierre, mejor conocido como El Tirano). Aunque condescendiente y poco realista, el relato de Proyart sobre la Costa de Loango proporciona detalles poco usuales de primera mano que no se pueden encontrar en ningún otro lugar.

Durante el siglo XVIII, la Costa de Loango fue el hogar de tres grupos étnicos que tenían sus respectivos reyes y puertos de comercio. Los vilis del reino de Loango eran el ordenamiento social dominante durante gran parte de la edad moderna temprana hasta que los reinos de

---

422 L'Abbé Proyart, *Histoire de Loango, Kakongo, et autres Royaumes d'Afrique* (Paris, 1776), 71: "ils sont prêts à partager le peu qu'ils ont avec qu'ils savent être dans le besoin."

423 Ibid.: "s'ils ont été heureux à la chasse ou à la pêche, & qu'ils se foient procure quelque piece rare, ils courent aussi-tôto en donner avis à leurs amis & à leurs voisins, en leur en portant leur part."

Ngoyo y Kakongo lograron independizarse a mediados del siglo XVIII. El reino de Loango tenía una superficie de193 km (120 millas) de largo y se extendía desde el río ChiLoango hasta la laguna de Banya. Compuesto de cuatro provincias, entre las que Loangiri (también conocida como Loango) albergaba la capital de Buali y era el principal punto comercial de la Bahía de Loango. La gente del Reino de Ngoyo, conocida como woyos, ocupaba el puerto de Cabinda. El más pequeño de los tres reinos, el Kakongo, era de la etnia Kotchi que tenía su puerto en Malemba. Las tres entidades políticas tenían prácticas culturales e institucionales similares y hablaban dialectos mutuamente inteligibles provenientes del kikongo, lengua bantú,.[424]

Los hogares en la Costa de Loango se componían de entre 10 y 40 personas que practicaban la agricultura colectiva.[425] Las mujeres de la familia plantaban y cosechaban los campos con productos como frijoles, mandioca, ñame y maíz.[426] Hombres libres, y probablemente esclavos también, despejaban una vez al año una porción del bosque. Luego cercaban el terreno y colocaban trampas para mantener a los animales al margen. Los ñames eran una fuente de alimento importante en la dieta de las familias. Las mujeres cosechaban las verduras 10 meses después de plantarlas, las apilaban con la ayuda de los hombres y luego dejaban la tierra en barbecho. Sin embargo, las yerbas y hortalizas crecían durante este período y se agregaban a la cosecha de alimentos de la familia. Una pequeña parte del terreno se mantenía para el cultivo de hortalizas, hasta que un nuevo campo se sembraba.

Los hogares necesitaban diez veces la cantidad de tierra que cultivaban para mantenerse. Esto significa que

---

424 Phyllis M. Martin, *The External Trade of the Loango Coast, 1576-1870: The Effects of Changing Commercial Relations on the Vili Kingdom of Loango* (Oxford: The Clarendon Press, 1972), 3-30.

425 Jan Vasina, *Paths in the Rainforests, Towards a History of Political Tradition in Equatorial Africa* (London: James Currey, 1990), 75.

426 Martin, 13; Vasina, 84-5.

los campos frescos se alejaban más de la ciudad con el paso del tiempo. Aproximadamente una vez cada diez años, una aldea migraba a nuevas tierras una vez que la distancia se volvía demasiado grande.[427]

Pero la agricultura estaba destinada a producir solo el 40% del suministro alimenticio del hogar. Las trampas para animales suministraban carne constantemente. Las familias también pescaban, cazaban, cultivaban colonias de insectos comestibles y recolectaban frutas y verduras. Los hogares igualmente elaboraban cerámicas, telas y cestas, que trocaban por alimento.[428]

Al igual que en la Costa de Oro, las sociedades de la Costa de Loango se concebían a sí mismas como una versión ampliada del hogar. Tres zonas entrelazadas formaban la base de la sociedad: el distrito, la aldea y el hogar. La casa, la dirigía un hombre polígamo que jugaba el rol de padre para una multitud de familiares y sirvientes, así como de amigos. Los matrimonios se materializaban a través de procesos diversos: las hermanas podían ser intercambiadas entre jefes de familia; casadas como forma de pago; o regaladas. Las mujeres podían ser obligadas a casarse—cuando el perdedor de una guerra las concedía como compensación, o en casos inusuales, cuando eran secuestradas.[429]

La estructura de la aldea seguía una lógica similar a la del hogar. Cada pueblo tenía un líder que se ganaba su título, en lugar de heredarlo. Los pueblos tenían alrededor de 100 habitantes que compartían de tres a diez viviendas rectangulares ubicadas a lo largo de un camino o de una plaza. Cada pueblo contaba con un cobertizo comunal, que era compartido por todos los residentes, para realizar actividades como tejido, carpintería, y herrería.[430]

---

427 Vasina, 85-99.
428 Ibid., 83-5.
429 Vasina, 75-7.
430 Ibid.

Cada aldea tenía un área central designada para reuniones comunitarias, que incluían aquellas del líder del pueblo y su consejo. Era aquí donde se formulaban colectivamente los planes y se resolvían las disputas. El líder del pueblo suscitaba el respeto de todos los residentes. A él y a su hogar siempre se les daba la mayor parte del botín de una caza, e invariablemente les dedicaban los animales sacrificados más emblemáticos, tales como el leopardo.[431]

Finalmente, el distrito era una confederación de pueblos poco organizada que adoptaba una identidad común. El distrito no tenía un líder encargado de su cuidado. Más bien, los jefes vecinos se comunicaban entre sí para abordar asuntos de interés mutuo. Cuando pueblos enteros migraban cada diez años para trabajar en nuevas tierras, tendían a permanecer en las cercanías de su distrito, lo que tenía como efecto crear y mantener una identidad de grupo.[432]

Durante gran parte del siglo XVIII, el Reino de Loango unió los distritos de la costa. Antes de que los Reinos de Ngoyo y Kakongo obtuvieran su independencia, estos estaban vinculados al Reino de Loango como socios menores que pagaban tributo.[433] Pero incluso después de haberse separado de la Corona loango, continuaron pagando algunos impuestos.[434]

El Rey de Loango, conocido como el Maloango, ocupaba el trono en la ciudad de Buali, ubicada a pocos kilómetros de la costa. A diferencia de los líderes de los pueblos y del Rey de Asante, el título de rey Loango era hereditario. Sin embargo, Proyart observa que la riqueza de los Maloango no era radicalmente superior a la de los plebeyos. El francés atestiguó que su palacio constaba

---

431 Ibid., 77-9.

432 Ibid., 81-2.

433 Martin, 22.

434 Christina Frances Mobley, "The Kongolese Atlantic: Central African Slavery & Culture from Mayombe to Haiti" (Ph.D. diss.: Duke University, 2015), 70.

de solo "cinco o seis casas, un poco más grandes" que aquellas de las familias medias.[435]

Todos los pueblos y hogares pagaban tributo al Rey, pero la cantidad era proporcional a sus medios. Los hogares con menos integrantes y menos tierra pagaban una tarifa más baja en comparación con aquellos que tenían más. Los pagos de tributo se realizaban tanto en mano de obra como en especie, y los funcionarios reales los colectaban durante sus visitas regulares.

A mediados del siglo XVIII, el Reino de Loango fue testigo del surgimiento de comerciantes que ganaron influencia a través de su participación en el comercio de esclavos. Aunque prominentes, los comerciantes conocidos como mafuk, no eran ricos. Proyart escribió, "los burgueses no tienen nada que los distinga de los aldeanos; no están mejor vestidos ni tampoco tienen mejor vivienda. La burguesía de la capital trabaja en el campo, al igual, que las campesinas del caserío más pequeño."[436]

Pero, a pesar de su falta de riqueza, el surgimiento de los mafuk erosionó el poder de los Maloango, lo que contribuyó a un colapso político en la región y condujo a la guerra. Después de que las Coronas Kakongo y Ngoyo se independizaran de los Maloango, estas comenzaron a recibir amenazas de grupos ubicados tierra adentro. Las sociedades organizadas del interior estaban ansiosas por deshacerse de los agentes intermediarios de los ngoyo y los kakongo, para así, convertirse en los proveedores directos de personas esclavizadas para los europeos. Los combates que los dos estados separatistas de loangos libraron por la legitimidad también contribuyeron al estallido de guerras civiles, que coincidieron con el punto más alto de la trata de esclavos, que ocurrió entre 1763 y 1793. Los mafuk, quienes vivían principalmente

---

435 Proyart, 57: "cinq ou six cases, un peu plus grandes."

436 Ibid., 54-5.: "Les bourgeois n'ont rien quiles distingue des villageois: ils ne sont ni mieux vêtus, ni mieux loges. Les bourgeoises de la capitale vont travailler aux champs, comme les paysannes du plus petit hameau."

en la costa o cerca de ella, también empezaron a luchar por el territorio.[437]

Sin embargo, es importante señalar que la guerra en la Costa de Loango no fue tan destructiva como lo fue en Europa y sus colonias. Dos tipos de guerras fueron librados durante el período proto-colonial: guerras restringidas y guerras destructivas. Las guerras restringidas, por mucho la forma más común de hacer la guerra, se libraban bajo reglas estrictas. Los líderes de las dos comunidades en conflicto se reunían para acordar el día en que se llevaría a cabo la batalla. Las dos partes se encontrarían cara a cara en las fronteras de los dos distritos en conflicto. Después de que uno o dos hombres resultaran gravemente heridos o murieran, se daba inicio a las negociaciones de paz y se acordaban las compensaciones.

Las guerras destructivas eran extremadamente raras. El término "guerra destructiva" proviene de la palabra bantú "arder", debido a que las comunidades perdedoras eran reducidas a cenizas. Estas campañas fueron diseñadas para destruir o ahuyentar a un enemigo, tomar sus tierras y subordinar a los derrotados.[438] Vista bajo este contexto, la rebelión de Coro tenía todas las cualidades de una guerra destructiva.

Pero el resultado de todos los conflictos, ya sean restringidos o destructivos, era la esclavitud. El lado perdedor cedía al ganador la posesión de personas esclavizadas, al igual, algunos miembros de comunidades libres podían ser convertidos en esclavos y entregados a la facción victoriosa. Muchos de estos individuos luego serían vendidos a los europeos.

Las personas eran esclavizadas no solo a través de la guerra, sino también mediante el secuestro, la herencia y, de manera más impresionante, por enjuiciamiento penal. Las multas por delitos tales como peleas, falta de pago de deudas y brujería, se incrementaron a lo largo

437 Mobley, 64-107.
438 Vasina, 80.

del siglo XVIII debido al estímulo proporcionado por la trata de esclavos. Cada vez fue más frecuente castigar estos crímenes con la esclavitud.[439]

Pero muchas personas esclavizadas vivieron su vida en Loango, siendo parte de una institución similar a la que operaba en la Costa de Oro. Al escribir sobre sus viajes en 1786, el francés Louis de Grandpré manifestó: "muchos (sirvientes) son esclavos y están sujetos a los caprichos de su amo, que los vende según su voluntad."[440] Pero el visitante destacó que la práctica se diferenciaba de aquella implementada en las Américas. Escribió, "aunque la ley los coloca allí como esclavos; o bien su riqueza les otorga una consideración que los protege, o una larga filiación en sus lugares de residencia los ha hecho tan naturales que su amo tendrá temor de venderlos."[441] De Grandpré observó que, aunque las personas esclavizadas se consideraban una clase inferior a la de los ciudadanos comunes y podían ser vendidas por capricho, también tenían el derecho de hacerse valer y de adquirir propiedades y poder por sí mismos.

Aunque conflictos violentos prevalecieron durante ciertos períodos, y las divisiones de clase, etnia y sexo eran una característica permanente en la vida, las comunidades de la Costa de Loango actuaron sobre la base de que cada miembro del grupo tenía derecho a una parte justa de los recursos. Los reyes, jefes y comerciantes no eran mucho más ricos que los plebeyos o incluso que los individuos esclavizados. Las prácticas políticas y económicas se llevaban a cabo de tal manera que garantizaban a todas las personas el acceso a ropa, refugio y alimento. Estas costumbres se observan en

---

439 Ibid., 159.

440 L. de Grandpré, *Voyage à la côte occidentale d'Afrique, fait dans les années 1786 et 1787* (Paris, 1801), 105: "sont esclaves et soumis aux caprices de leur maître, qui les vend suivant sa volonté."

441 Ibid.: "quoique la loi les y assujettisse comme esclaves; mais soit que leur richesse leur donne une consideration qui les met à l'abri, soit qu'une longue filiation dans le lieu de leur residence, les y ait tellement naturalizes que leur maître craigne de les vendre."

los cumbés de los loangos, y son al menos parcialmente responsables de las nociones igualitarias que abrazaron los insurgentes de Coro.

Conclusiones

Poco después de que González y sus dos compañeros anónimos fueran asesinados, otros nueve loangos correrían con la misma suerte. La noche del 14 de mayo, sus esposas intentaron sobornar a un carcelero para que dejara escapar a sus maridos. Pero su plan fue rápidamente frustrado y las mujeres fueron encarceladas. Al día siguiente, Ramírez Valderraín decapitó a los nueve loangos.[442]

El 23 de mayo, el pronto a ser deshonrado alguacil continuó con sus brutales actos de castigo. Condenó a 53 personas, incluyendo 22 loangos, a destinos terribles, que solo se distinguían por sus grados de fatalidad. Decidió que a 21 negros legalmente libres y esclavizados se les cortaría la garganta. Tres mujeres esclavizadas—Polonia, Juana Antonia y Trinidad— recibirían 200 latigazos cada una y, de sobrevivir a la pena, serían vendidas fuera de Coro. Siete indígenas fueron sentenciados a 10 años de trabajo forzado en Puerto Cabello. Los 22 loangos fueron puestos bajo cautiverio junto a los prisioneros indígenas durante seis años, "a que sirvan a su Magestad a racion y sin sueldo."[443] Se desconoce si estas personas recién esclavizadas sobrevivieron a sus nuevos labores.

Poco después de dictadas las sentencias, el comandante Francisco Jacot ordenó detener más loangos para enviarlos a Puerto Cabello. El 7 de junio, el Capitán declaró: "conferencie con el Justicia Mayor sobre si coviene expatriar los negros Luangos, o minas."[444] Cinco días después, Jacot le dejo en claro la situación al Capitán General, afirmando que había 250 negros y pardos libres viviendo en la sierra. Estos individuos

442 "Expediente," ff. 9.

443 Ibid., ff. 1-3: "varias veces las armas que se le denegaron".

444 Ibid., ff. 51-2.

"agregados a las haciendas sin domicilio, ni propiedad, corrompiendo a los criados con sus depravadas constumbres y los mas de ellos concurrieron a la rebellion asi para rrobar, o como efectivos complices dificl de probarselo a muchos."[445]

Jacot agregó que los loangos de la sierra debían ser llevados a Puerto Cabello porque si "no se expatrien totalmente no quedara aseguarada esta tierra."[446] Semanas más tarde, a Jacot y a Ramírez Valderraín se les cumplió su deseo, en parte. No todos los loangos fueron detenidos, pero 42 hombres adultos y 10 de sus hijos menores de edad fueron sacados de sus hogares y enviados a campos de trabajo.[447]

Pero las autoridades de Puerto Cabello rechazaron la imposición. El Capitán de la ciudad, Antonio Guillelmi, informó que los loangos habían arribado y protestando dijo: "no hay ya donde recivir mas presos sin gravissimo peligro de su seguridad por no tenerse ya mas bodegas, carceles, ni otros parajes donde aseguralos."[448] Guillelmi sugirió que, de seguir enviando las autoridades de Coro más cautivos, estos debían ser trasladados a Caracas, ya que Puerto Cabello simplemente no podía alimentar ni albergar a más reclusos.

La Real Audiencia de Caracas tuvo la tarea de encontrar una solución a esta crisis. El 28 de septiembre dictaminaron que, debido a la imposibilidad de retener a los loangos en Puerto Cabello, estos debían ser enviados a luchar por España en su guerra contra la Francia revolucionaria. De esta manera los prisioneros fueron enviados a los "Baxeles de la Esquadra por el tiempo que dure la Guerra."[449]

Pero más de un año después, la Audiencia dio un giro inesperado. El 10 de diciembre de 1796 declaro,

445 Ibid., ff. 53-4.
446 Ibid.
447 Ibid.: ff. 147: "viejos inutiles."
448 Ibid., ff. 256.
449 "Expedientes, sublevación de esclavos," ff. 56-7.

"entteramentte libres de complicidad en la expresada sublevacion a los negros Luangos, y que son fieles servidores del Rey y del publico, mandando que sean restituidos al cuidado de sus casas, y familias."[450] El tribunal agregó que, sea en Caracas, Puerto Cabello, o luchando por el Rey en ultramar, todos los loangos debían ser llevados de regreso a Coro. Después de haber pasado un año y medio en la cárcel y / o haber luchado en Saint-Domingue, los loangos fueron inesperadamente declarados inocentes.

La declaración de la Audiencia trae tantas preguntas como respuestas a la mesa. González y los otros loangos asesinados no fueron mencionados en el fallo del tribunal. Por lo tanto, no queda claro si también fueron declarados inocentes o no. Quizás sintiéndose seguro de que la victoria en Coro estaba garantizada, el tribunal pudo haber determinado que los loangos ya no eran una amenaza. Es posible que haya sucumbido ante la presión ejercida por los familiares de los presos y los intereses afectados, que reclamaban su regreso a casa. O tal vez la corte se encontró con pruebas indiscutibles que exculparon a los loangos. Sin embargo, de haber ocurrido este último escenario, la Audiencia no llego a proporcionar detalles.

Aunque es posible que nunca se conozca la historia exacta, está claro que al menos un puñado de loangos participó en la insurrección de 1795. Y es fácil ver por qué. Aunque legalmente libres, los loangos se vieron obligados a luchar por su tierra y, en consecuencia, se enfrentaron a severas sanciones causadas por su resistencia. Al igual que el resto de la gente "libre" de Coro, los loangos también eran víctimas de impuestos excesivos y vivían a merced de autoridades caprichosas.

Dificultades como estas alentaron a los revolucionarios de Coro a tomar las armas y establecer una sociedad libre de desigualdades degradantes. Los sistemas políticos y

450 "Expediente," ff. 6.

económicos equitativos de las ciudades autóctonas de África occidental y centro-occidental, proporcionaron un modelo para una nueva república, como lo hizo para las comunidades cimarronas de las Américas, incluyendo a los cumbés de los loangos.

La producción comunal en los pueblos de la Costa de Oro y de Loango aseguró la paridad material dentro de estas sociedades. Bajo este sistema, la subsistencia estaba asegurada y la producción limitada. Esto impidió la producción de un gran excedente que pudiese ser usurpado por miembros de alto rango de la población. Aunque los mercados externos pudieron distorsionar esta economía política, fueron incapaces de remodelar su esencia. Al combinarse con las tendencias igualitarias del Atlántico y las duras condiciones en las que vivían los rebeldes, esta experiencia de igualdad concreta dio lugar a un barril de pólvora capaz de explotar en el sistema de plantaciones de Coro en cualquier momento.

Pero los negros de la región no fueron los únicos que imaginaron un orden político-económico más justo. Los rebeldes indígenas de Coro también se sintieron alentados por los sueños de una sociedad comunal que estuviese construida sobre las cenizas del dominio colonial.

Capítulo 4

Fuerza de Trabajo Indígena

Mientras el centro de la ciudad de Coro era testigo de las atrocidades cometidas, José Leonardo Chirino y los insurgentes de la sierra planeaban su venganza. Se instalaron en la plantación de Macanillas, con la intención de planificar y lanzar ataques. A partir de sus derrotas, los rebeldes solicitaron el apoyo de Pecaya, un pueblo de ajaguas que se encontraba a 24 km (15 millas) al sureste.

El mismo Chirino escribió un mensaje a las autoridades nativas del pueblo:

> Señor Casique, y el Señor Capitan, y el Señor Governador, mui señores mios hallándome en este empeño de ver si se acaban estos pechos que nos matan, proponiendo a Vds la gente que me pueden dar, para ir a hacer le una dentrada buena a Coro, a ver si lo cojemos, para tener algun alivio, con eso, no pagaran demora, y es quanto se ofrece por ahora, rogar a Dios me guarde muchos años. De su afectísimo servidor que besa sus manos, Josef Leonardo Chirino.[451]

Nacido de una madre indígena en el pueblo ajagua de Pedregal, Chirino buscó el apoyo de las autoridades responsables— el gobernador Don Joseph Bernandino Carencio, el Cacique Don Balthasar Carencio y el

451 "Expedientes, sublevacion de esclavos," ff. 337.

Mapa de Coro, Macanillas, y Pecaya.

Capitán Don Juan Ygnocencio Tua.[452] Luego de redactada la nota, se encargó a un caquetío rebelde, llamado Juan de Mata, para que entregase la misiva.

Chirino se percató que los rebeldes tenían una causa común con los ajaguas. Se dio cuenta que ellos también querían deshacerse de los "pechos" de los impuestos. Los pueblos indígenas de Coro rechazaban estas imposiciones. A pesar de haber sufrido cientos de años de dominio europeo, los campesinos indígenas realizaban ciertas actividades económicas que se oponían al sistema tributario de Coro, por no decir a la naturaleza misma del colonialismo.

Pero en el momento de la insurrección, un drástico aumento en la exacción de la alcabala alejó más a los indígenas de los estilos de vida que estimaban. Esto redujo

452 Ibid., ff. 387.

su capacidad de autosubsistencia y los obligó a complementar las prácticas laborales autóctonas con trabajos asalariados en haciendas y plantaciones. Esta carga era aún peor si se consideraban los otros impuestos que los indígenas ya estaban obligados a pagar: tributos, contribuciones a la Iglesia y tarifas del corregidor, las cuales respaldaban a la oficina colonial dedicada a vigilar a las comunidades indígenas.

En cuanto a la carta de Chirino, parece que los líderes ajaguas nunca la recibieron. Meses después de la insurrección, el gobernador de Pecaya negó haberla recibido y agregó que nunca había conocido a Chirino, ni tampoco escuchado algo sobre él. El corregidor de Pecaya, Don Hilario Bustos, secundó la declaración del gobernador cuando relató su historia de cómo había sido secuestrado por "negros."[453] Bustos declaró, "por ser dia de trabajo siempre está desamparado de los yndios, y vecinos que estan attendiendo a sus cosechas, y lavores. me vi acometido repentinamentte de mas de treintta negros armados de escopetas, lansas, machettes, y tacises, que me prendieron."[454] Como corregidor, Bustos estaba a cargo de garantizar que los indígenas pagaran sus impuestos y estuvieran ocupados trabajando. Su relato estaba destinado a indicar que los indígenas que estaban bajo su vigilancia, incluidos aquellos de Pecaya, no estuvieron involucrados en la insurrección.

Pero el argumento de Bustos presentaba algunas inexactitudes. Aunque las comunidades indígenas no participaron en la rebelión de manera oficial, algunos individuos indígenas estuvieron profundamente involucrados desde el inicio, ya que al final de cuentas, el mismo líder revolucionario era indígena. Cuando ocurrieron las primeras acciones en la noche del 10 de mayo, dos de los cuatro hombres que estaban al lado

453 "Expediente sobre la insurrección de los negros, zambos y mulatos proyectada en el año 1795 a las inmediaciones de la ciudad de Coro, Provincia de Caracas," 1795, Caracas, 426, AGI, ff. 241-44.

454 Ibid.

de Chirino eran indígenas. Estos individuos—Juan de los Santos, un caquetío de Carrizal y Pedro Coyo, un ajagua— ayudaron a sus cómplices a matar a Don Josef de Martínez.[455]

Las personas de ascendencia indígena continuaron participando en las horas subsiguientes. Al igual que Chirino, los zambos libres Candelario y Juan Christóval eran residentes en la hacienda El Socorro, y también, fueron de los primeros en levantar las armas. Juan de Matos, el caquetío rebelde encargado de llevar el mensaje de Chirino a Pecaya, residía en Macanillas y estuvo al lado del líder durante los primeros días de la insurrección.[456] Como se mencionó en el primer capítulo, parece que el ajagua, Juan de Jesús de Lugo, también participó en el levantamiento a pesar de haber declarado ser inocente. Sin embargo, no todos los rebeldes fueron registrados junto a su clasificación racial en los documentos conservados. Por lo tanto, es imposible saber exactamente cuántos indígenas participaron. A pesar de esto, se sabe que fueron muchos.[457]

Pero los indígenas también jugaron un papel decisivo como soldados a favor de la Corona. Estos esfuerzos comenzaron el 11 de mayo, día en que llegan a Coro los rumores sobre la rebelión y varios indígenas se organizaron en contingentes en la casa del Justicia Mayor, Ramírez Valderraín. Más tarde ese mismo día, dos caquetíos de Carrizal — Cipriano Antonio Gonzales y Lorenzo Reyes Díaz — resultaron heridos en la batalla de Caujarao y morirían a causa de estas heridas.[458] Durante la batalla decisiva, en la mañana del 12 de mayo, 84 caquetíos conformaban casi el 40% de los soldados que frenaron el mayor avance de los rebeldes.[459] Al ser superados en número, las fuerzas coloniales tuvieron que

455 Ibid., ff. 96-7.
456 Ibid., ff. 92-5.
457 Ibid., ff. 97-102.
458 Ibid., ff. 343.
459 Ibid., ff. 176-7; ff. 350-2.

depender de los caquetíos, sus arcos, flechas y su veteranía para aplastar la rebelión.

Los caquetíos, quienes constituía el 90% de la población indígena de Coro, defendieron a la Corona, lo cual era su obligación. El pueblo fue leal a la metrópoli desde la conquista y por eso su recompensa fue la "libertad": exención de la esclavitud, la encomienda —servicio anual de peonaje— y el pago de tributos indígenas. Pero estas supuestas libertades también se cambiaban por lealtades contemporáneas, incluido el servicio militar obligatorio. Este arreglo rindió grandes frutos a los funcionarios coloniales, especialmente durante la insurrección de 1795.

Mientras los caquetíos estaban exentos de tributos, los ajaguas y ayamanes no corrieron con la misma suerte. Se podría suponer que estas comunidades se pusieron del lado de los insurgentes, pero este no fue necesariamente el caso. En la mañana del 15 de mayo, Ramírez Valderraín envió dos expediciones de 100 hombres cada una a la sierra para capturar a los rebeldes que aún estuviesen en armas. Don Juan Ramos de Chaves dirigió una de las dos expediciones, que incluía a 104 hombres. Ochenta y cuatro de estos soldados eran ajaguas de Pecaya, Pedregal y San Luis.[460] El otro contingente incluía un número de caquetíos, aunque no está claro cuántos eran. Estas expediciones resultaron en la captura de 35 presuntos rebeldes quienes fueron ejecutados tres días después.[461] A los 84 ajaguas que combatieron se les prometió la exención del pago de tributos a cambio de sus esfuerzos.

La participación indígena en la insurrección de 1795, así como en su sofocamiento, fue producto de un sistema de trabajo de carácter racial en el que los indígenas jugaron un papel fundamental. Un drástico aumento en la recolección de la alcabala indignó a las personas legalmente libres de la región, incluyendo los indígenas. Estas cargas impidieron a los campesinos indígenas

460 Ibid., ff. 9-11; ff. 76.

461 Ibid., ff. 9.

satisfacer sus necesidades de refugio, vestimenta y alimentos adecuados y los alejó de las prácticas sociales equitativas que tanto valoraban. Este incremento en la opresión motivó a unos pueblos indígenas a desencadenar un movimiento revolucionario y a otros, a buscar socorro a cambio de prestar su ayuda a la Corona. Este capítulo cuenta la historia del trabajo indígena en Coro, su importancia para el funcionamiento de la sociedad colonial y su papel en la revolución anti-esclavista.

El Trabajo Indígena hasta 1721

Cuenta la leyenda que durante la época de la conquista, el cacique de los caquetíos, conocido como Manaure, se reunió con el conquistador Juan Martínez de Ampíes. Según esta historia, los célebres comandantes acordaron un trato que beneficiaría a ambos. Ampíes evitaría que los europeos esclavizaran a los caquetíos, destinándolos a secuestrar a sus rivales. A cambio, Manaure permitió que Ampíes, primer gobernador de Venezuela, fundara la ciudad de Coro.[462] Algunos dicen que la reunión nunca ocurrió, pero casi nadie refuta que un acuerdo fue negociado. [463]

Ampíes no fue el primer europeo que intento dominar a la gente y a los suelos de "Tierra Firme", aquella franja costera del norte de Sudamérica que más tarde sería conocida como Venezuela. El primer intento se produjo en 1498 bajo el mando de Cristóbal Colón. Exploró la región oriental de la Venezuela contemporánea para esclavizar a los indígenas y venderlos en España. Al año siguiente, otro conquistador, Alonso de Ojeda, fue el primero en inspeccionar las futuras bases de lo que sería Coro con la intención de esclavizar a sus indígenas.[464] Dos años después, Ojeda regresó con una autorización de la reina Isabel, a aquel lugar que los lugareños llamaban

462 Ibid., 93-6.

463 "Cacique Manaure" in Biografías Egly Colina Marín Primera. Eglycolinamarinprimera.glogspot.com/2014/11/cacique-manaure-2.html?m=1.

464 Ibid.

Todariquiba. Esta licencia le daba autoridad española para establecer una nueva colonia. Pero los soldados caquetíos conquistaron al conquistador y lo expulsaron de la región.

Operaciones similares se siguieron realizando hasta que en 1511 las cosas cambiaron. Ese año, la reina Isabel le declaró la guerra a los "caribes" — cualquier pueblo indígena que se resistiese a la colonización. Poco después, 2.000 caquetíos de Todariquiba fueron esclavizados y enviados al trabajo forzado en Santo Domingo.[465]

Este último hecho provocó la conquista de Coro por Ampíes. Algunos de los caquetíos que fueron esclavizados terminarían trabajando en la propiedad del conquistador en ciernes, ubicada en la Hispaniola. Ampíes quedó impresionado con su propiedad humana, su supuesta dedicación al cristianismo y su presunta y extraordinaria ética de trabajo.[466] En 1520, Ampíes solicitó y recibió un permiso real para fundar un asentamiento en la isla de Curazao. Ampíes se llevó consigo a sus esclavos caquetíos y utilizó algunos para entablar relaciones con el Cacique Manaure.

El acuerdo con Manaure fue una apropiación de tierras que despojó a los pueblos de la región de su soberanía y sentó las bases del Coro que ardería en 1795. Durante el período precolonial, las sociedades indígenas adoptaron una estructura similar a aquellas pertenecientes a las Costas de Oro y Loango. Los hogares se organizaban bajo una división sexual y generacional del trabajo en la que los recursos se buscaban colectivamente y se compartían equitativamente. Esta teoría y práctica se trasladó a los pueblos y a las sociedades.

465 Adrián Hernández Baño, *Los Caquetíos de Falcón: Modos de vida* (Coro, Venezuela: Instituto de Cultura del Estado Falcón, 1984), 45. Durante este periodo, todos los pueblos indígenas de la región del Gran Caribe, eran bautizados como "Caribes" si se consideraban "no civilizados" u hostiles a la Corona.

466 Otilia Margarita Rosas González, "La población indígena en la Provincia de Venezuela" (Ph.D. diss.: Universidad de Salamanca, 2015), 91.

Para el momento de la conquista cuatro pueblos indígenas habitaban la región: caquetíos, jirajaras, ajaguas y ayamanes. De los cuatro grupos, los caquetíos eran los más numerosos y de mayor tiempo establecidos, pero no se sabe mucho sobre ellos. Era un pueblo de habla arawaka que llegó a Coro entre 10.000 y 12.000 años atrás.[467] Durante la conquista, los caquetíos habitaban gran parte de la región costera de la futura provincia de Venezuela, incluyendo Coro; también abarcaron tierras en el interior del país, alcanzando el Barquisimeto contemporáneo. Los caquetíos también vivían en las islas que pronto se conocerían como Aruba, Bonaire y Curazao. Estos asentamientos mantuvieron conexiones estrechas con tierra firme antes y después de la conquista. Cuando se desencadeno la rebelión de 1795, había 7.000 caquetíos en Coro, que equivalía al 26% de la población.

Antes de la conquista, los caquetíos estaban formados por una sociedad agrícola sedentaria donde mandaba un cacique, pero el poder se difundía a pueblos y familias. Las aldeas estaban estructuradas bajo el ideal de la familia, donde todos los miembros de la comunidad eran considerados como descendientes del mismo antepasado. La estructura del hogar variaba de un pueblo al otro, aunque ciertas características fuesen compartidas. Las viviendas usualmente albergaban entre cinco y seis familias nucleares que estaban estrechamente relacionadas entre sí. La tierra del pueblo era de propiedad común y los hogares, guardando distancia unos de otros, eran construidos en medio de los campos. La poligamia se practicaba, pero probablemente estaba reservada para los miembros importantes de cada región.[468]

El "padre" del hogar asignaba tareas a los miembros "menores" del grupo familiar. Los hombres limpiaban y

---

467 Jossy M. Mansur, *E indiannan Caquetío* (Aruba: Imprenta Nacional Arubano, 1981), 29.

468 Mario Sanoja and Iraida Vargas, *Antiguas formaciones y modos de producción venezolanos* (Caracas: Monte Ávila Editores, 1974), 149-75.

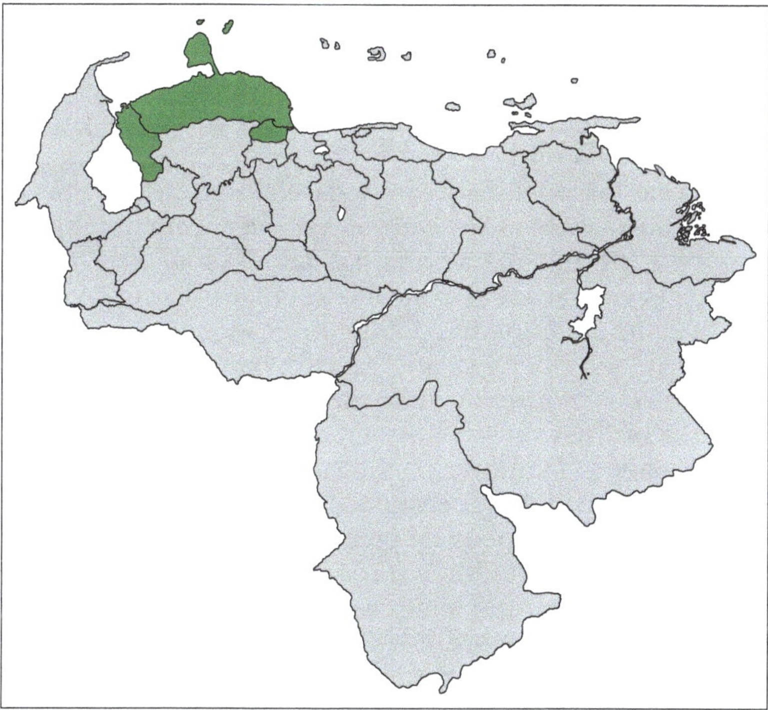

Tierra caquetía antes de la invasión española.

preparaban los campos, mientras las mujeres plantaban y cosechaban cultivos como maíz, papa, yuca, piña y tabaco. Los varones pescaban y cazaban, a diferencia de las mujeres y los niños que recolectaban fruta. Los hombres elaboraban hachas, cuchillos, lanzas, arcos y flechas, a su vez las mujeres tejían las hamacas donde la gente dormía y fabricaban las cerámicas de donde comían.[469]

Cada pueblo realizaba ciertas actividades económicas en conjunto, mientras que otras se desarrollan a nivel del hogar. Debido a que los campos eran compartidos, la agricultura se implementó de manera cooperativa entre vecinos. La caza y la pesca se realizaban en grupos de hombres de diferentes hogares. La pesca era

469 Hernández Baño, 26-35.

particularmente importante para las comunidades de la costa. La caza de armadillos, ciervos, alces y conejos también se realizaba de forma colectiva por grupos de hombres. Cada hogar recolectaba sus propias frutas y verduras de la naturaleza.[470]

Aunque los pueblos y los hogares eran en gran parte autosuficientes, los individuos también comerciaban y pagaban tributos al cacique. La sal, el tabaco, el oro, el maíz, las hamacas, el pescado salado, y la carne ahumada se intercambiaban en los mercados locales.[471] Los líderes de los pueblos, que se ganaban sus títulos por medio de sus méritos, eran responsables de recolectar los tributos ordinarios a los integrantes del pueblo y transportárselos a Manaure.[472] El cacique era considerado una divinidad y lo veneraban de la manera apropiada. Los cronistas europeos de principios del siglo XVI escribieron que los seguidores de Manaure lo transportaban en hombros para que sus pies no tocasen el suelo.[473]

Poco se sabe sobre los caquetíos precoloniales y mucho menos aun sobre los jirajaras, ajaguas y ayamanes. Según los conquistadores, los jirajaras eran el segundo grupo más numeroso de la región para el momento de la conquista. Vivían en la sierra y al sur de ella. Los jirajaras y los ayamanes hablaban jirajara, un idioma exclusivo de estos dos grupos.[474] Los ajaguas ocuparon las zonas montañosas al oeste de la sierra, en los asentamientos que luego se conocerán como San Luis, Pecaya y Pedregal. Al igual que los caquetíos, los ajaguas eran parlantes del arawak.[475] Todos estos grupos eran conocidos por cazar y recolectar su alimento, aunque es probable que también se hubiesen dedicado a la agricultura. Se desconoce si las etnias rendían

---

470 Ibid.

471 Ibid.

472 Ibid., 44; Sanoja y Vargas, 176.

473 Sanoja y Vargas, 175.

474 Adelaar, 129.

475 Pedro Manuel Arcaya, *Historia del estado Falcón* (Caracas: Tip. La Nación, 1953), 74.

tributos a los líderes caquetíos, pero es importante señalar que los jirajaras eran los enemigos del grupo dominante durante la conquista.[476]

Ampíes finalmente perdería la ciudad de Coro ante rivales europeos, pero la posición relativamente privilegiada de los caquetíos continuaría durante todo el período colonial. Los planes de Ampíes se arruinarían un año después de la fundación de Coro, cuando la Corona española cedió a la familia de banqueros alemanes, los Welser, los derechos exclusivos sobre Tierra Firme.[477] Los Welser erosionaron los acuerdos de Ampíes con los caquetíos. Pero una vez que la Corona española restableció su dominio sobre Venezuela en 1539, el obispo de la provincia, Rodrigo Bastidas, declaró que los caquetíos eran "amigos", "buena gente", amables y vasallos leales de la Corona española.[478]

Con este dictamen, Bastidas declaró a los caquetíos exentos del servicio de la encomienda, a diferencia del resto de la población indígena.[479] Se sabe poco sobre la encomienda en Coro, pero en otras partes de Venezuela se practicaba de forma rotatoria. Los obreros indígenas debían trabajar para un encomendero durante un mes sin paga, para poder así, regresar a casa por dos meses.[480] La encomienda fue abolida en 1721 y, a partir de entonces, los pueblos jirajaras, ajaguas y ayamanes de Coro comenzaron a pagar tributo.

La invasión española de Todariquiba aterrorizó a los pueblos indígenas y transformó los sistemas políticos y económicos de la región. Los principios y prácticas comunitarios que guiaron a los pueblos indígenas fueron reemplazados por la esclavitud, la encomienda y el dominio colonial. Estos últimos cambios determinarían la estructura del trabajo indígena en el siglo XVIII

476 Rosas González, 55-61.
477 Ibid., 97.
478 Ibid., 134.
479 Ibid., 134, 181.
480 Ibid., 163.

e influenciarían el resultado de la insurrección de 1795. Pero a pesar de las imposiciones, los indígenas de Coro continuarían celebrando sus credos comunales—al menos hasta que les fue imposible.

El trabajo Indígena desde 1721 hasta 1795

El 14 de abril de 1788, el tesorero de Puerto Cabello le escribió una carta, bastante agitada, al gobernador de Venezuela respecto al tributo indígena. Miguel de Basterra le rogó al Capitán General que le dijese a Coro que dejasen de enviarle mas cocuiza—plantas parecidas al cactus que fungían como pagos de tributo. Durante años, los tesoreros de Coro enviaron cocuiza y hamacas al puerto marítimo, lugar donde se subastaban al público. La cocuiza era la materia prima implementada en la manufacturación de hamacas, cuerdas y, de particular importancia para Puerto Cabello, redes para la pesca a gran escala.

Pero Basterra ya había tenido suficiente de este producto—nadie lo quería. En los almacenes acumulaba montañas de este producto, y cuando podía vender la mercancía, lo hacía a una fracción de su supuesto valor. Cada cabeza de cocuiza estaba destinada a valer un real, pero solo se vendían a mitad de este precio. Se esperaba vender cada hamaca por ocho reales o un peso, pero solo podían venderse por tres reales. Dado que su distrito era responsable de sufragar los costos de transporte, Puerto Cabello estaba teniendo grandes perdidas debido a los inútiles tributos de Coro.

El gobernador de Venezuela durante este periodo, Juan de Guillelmi, respondió contactando al tesorero de Coro para indagar si sus contribuyentes podían pagar con un producto más útil. Pero José de Navarrete rechazó la propuesta, constatando que el pueblo indígena de Coro no tenía nada más con que contribuir. El tesorero agregó, “la grande pobreza de los naturales, y miseria de las situationes de sus Pueblos, no les brinda conmodo alguno para sustentarse ni vestirse, y mucho menos para conservera la subsistencia de sus familias."[481] Pero para llegar a un acuerdo, Navarrete expreso que a partir de ese momento solo aceptaría hamacas como forma de pago y rechazaría la cocuiza que se usaba para producirlas.[482] A pesar de lo pactado, el tesorero de Puerto Cabello finalmente consiguió lo que deseaba—todos los traslados de los tributos indígenas procedentes de Coro se detuvieron al año siguiente.

Pero si el pago de tributos eran una carga para los administradores reales, para los indígenas era un verdadero martirio. Las hamacas y la cocuiza eran los productos más útiles y tangibles que podían producir. Pero la planta era difícil de conseguir. Según Navarrete, hubo un tiempo en el que la cocuiza era accesible, pero este ya no era el caso. Conseguirlo a finales del siglo XVIII era un proceso "difícil y prolongado".[483]

La suma total de los tributos variaba de un pueblo al otro, desde un peso hasta cuatro pesos y seis reales al año. En San Luis y Pecaya, los hombres casados pagaban dos pesos anuales, mientras que los hombres solteros mayores de 18 años pagaban la mitad. En el lugar de nacimiento de Chirino, Pedregal, los hombres casados pagaban cuatro pesos y seis reales al año, en cambio, aquellos mayores de 18 años y solteros pagaban dos pesos y seis reales.[484]

Pero el pago de tributos era solo una de las muchas formas en que se usurpaba la fuerza de trabajo indígena. Los pueblos indígenas también eran responsables de realizar patrullas militares obligatorias, así como de pagar una serie de tarifas correspondientes a la alcabala, los estipendios del corregidor y las contribuciones eclesiásticas. Algunas de estas cantidades a pagar eran tan altas como el tributo. Los jirajaras, ajaguas y ayamanes estaban exentos del servicio militar, pero se les

481 "Expediente", ff. 7-8.
482 Ibid.
483 Ibid.
484 Martí, 78-84.

exigían todos los demás pagos. Aunque los caquetíos estaban libres del pago de impuestos y de las tarifas del corregidor, eran explotados en todas las demás áreas.[485]

Los caquetíos formaban patrullas "voluntarias" durante las fiestas religiosas y los tiempos de guerra. Acercándose la época navideña, 18 meses antes de la rebelión, los caquetíos fueron obligados a custodiar la ciudad de Coro. El año anterior, el custodio principal del puerto de Coro, La Vela, manifestó que los caquetíos de Carrizal habían protegido este puesto durante la Semana Santa, mientras que aquellos de Acurigua habían vigilado otros lugares. Ya que los caquetíos de Cumarebo defendían La Vela en tiempos de guerra—el conflicto con la Francia revolucionaria y Saint-Domingue seguía su curso cuando estalla la insurrección—estos se encontraban vigilando el puerto con la intención de advertir a las autoridades sobre cualquier barco entrante.[486]

Pero probablemente la institución más despreciada era la alcabala, un impuesto sobre las ventas y el transporte que se cobraba a los residentes de toda España y sus colonias. En 1342, se impuso por primera vez en España, con el fin de recaudar fondos para la lucha de la Corona contra los moros.[487] En Venezuela, el gravamen entró en vigor por primera vez el 4 de agosto de 1596, por un período de nueve años. La alcabala se volvió a instalar de 1624 a 1630, hasta que, en 1652, el rey Felipe IV lo convirtió en una institución permanente en Venezuela.[488] La alcabala se cobraría al 2% en todas

---

485 Los jirajaras, considerados como el pueblo indígena más peligroso, diabólico y rebelde durante la conquista europea, pueden haber sido aniquilados por los europeos en algún momento previo al S. VXIII, aunque, también es posible que hayan sido incorporados a comunidades indígenas vecinas.

El arzobispo de Caracas, Mariano Martí, visitó la región en 1721 y no reportó la existencia de grupos jirajara en Coro, sin embargo, sí reconoció la presencia de los otros tres grupos indígenas.

486 "Cumarebo: Autos seguidos contra el Teniente Justicia Mayor de la jurisdiccion de Coro por los maltratos que ha dado a los Indios y la introduccion de negros de Curacao," 1794, Indígenas Tomo VII, AGN, ff. 443-5.

487 Depons, 13.

488 Arcila Farías (1946), 121.

las transacciones, ya fuesen intercambios en moneda o en especie, y los pagos podían realizarse de la misma manera.[489] El 1 de julio de 1753, el gobernador de Venezuela, Don Phelipe Ricardos, aumentó el pago de la alcabala al 5%, tasa vigente durante el momento de la insurrección.[490]

Pero las autoridades de Coro no siempre apreciaron la importancia de la alcabala, al menos, no, según la opinión de Don José de Abalos, quien se pronunció tras asumir el cargo de tesorero. El denunciante afirmó que de 1765 a 1766 en varios pueblos de la región de Coro faltaban ocho meses del pago de alcabalas, insinuando que los pagos habían sido malversados.[491]

Igual de preocupante, Ábalos agregó que los tesoreros anteriores de Coro habían fracasado en recaudar la alcabala de todos los bienes que habían sido transportados, comprados, y vendidos. A modo de ejemplo, el nuevo tesorero afirmó que, en los dos años anteriores, Coro solo había recaudado los impuestos sobre la venta de 1.500 bovinos. Esto fue alarmante, ya que durante el período en cuestión se vendió diez veces este número. Además, Ábalos declaró que la tesorería de Coro no cobraba la alcabala sobre el maíz y la yuca, los cuales quizás eran los dos productos alimenticios más importantes comercializados.[492]

Gracias, en parte a Ábalos, la recaudación de la alcabala se incrementó una vez que Don Francisco de Yturbe asumió el cargo en 1792. De 1788 a 1791, la tesorería de Coro promedió una entrada de más de 3.396 pesos anuales, producto de la alcabala.[493] En 1792, la

489 Depons, 13.

490 "Ramo de alcabala de tierra: Reparos generales al cargo," Caracas 574, AGI.

491 Ibid.

492 Ibid.

493 "Cuenta de Real Hacienda de Coro, 1788," Caracas 578, diciembre 31, 1788, AGI; "Cuenta de la Real Hacienda de Coro, 1789," Caracas 578, diciembre 31, 1789, AGI; "Libro manual de la Real Caxa del Departamento de Coro," Caracas 579, diciembre 31, 1790, AGI; "Cuenta de la Real Hacienda de Coro, 1791," Caracas 579, diciembre 31, 1791, AGI.

Año	Valor (en pesos y reales)	Porcentaje aumentado o disminuido
1788	3,809 ps 1.5 rls	0
1789	3,452 ps .5 rls	–9.37
1790	2,430 ps 1 rl	–29.6
1791	3,895 ps .5 rls	60.29
1792	8,096 ps 6.5 rls	107.86
1793	9,036 ps 7 rls	11.6
1794	10,939 ps	21
1795	8,908 ps 5.5 rls	–18.57
1796	6,588 ps 5.5 rls	26

Pagos de alcabala en Coro, 1788-1796

administración de Yturbe recaudó 8.096 pesos—más del doble de lo registrado el año anterior.[494] Este número volvió a aumentar a 9.036 pesos en 1793 y se disparó a 10.939 pesos en 1794.[495] Entre 1792 y 1794, la tesorería de Coro recolectó casi tres veces la cantidad cobrada en los tres años anteriores. Esto conduciría directamente a la insurrección de 1795.

Los revolucionarios de Coro exigieron la abolición de la alcabala como una de sus demandas centrales. El 2 de junio de 1795, don Manuel de Carrera escribió un memorial desde su puesto en la sierra de Coro que relataba lo indignados que estaban los rebeldes a causa del impuesto y lo mucho que odiaban a Yturbe. Carrera alegó que Chirino había ordenado a los rebeldes matar a Josef de Tellería, ya que no había encontrado una solución a los reclamos del pueblo sobre la alcabala. Carrera escribió que, según los insurgentes, habían "sufrido" "violaciones" por parte del "tesorero Don Juan Manuel de Yturbe y su administrador Luis Barcena."[496] Carrera

494 "Cuenta de la Real Hacienda de Coro, 1792," Caracas 580, diciembre 31, 1792, AGI.

495 "Cuenta de la Real Hacienda de Coro, 1793," Caracas 580, diciembre 31, 1793, AGI; "Libro Manual de las Reales Caxas del Departamento y Ciudad de Coro," Caracas 581, diciembre 31, 1794, AGI.

496 "Expediente," ff. 109.

agregó que los rebeldes acusaron a Tellería de ver "con indiferencia las injustas aficiones de los pobres," lo que llevó a su asesinato.[497]

La gente de color de escasos recursos eran víctimas del acoso de los recolectores de alcabala. Como se comentó en la introducción, la viuda de Tellería, Doña María Josefa Rocillo, citó a Chirino, quien manifestó: "Tellería no impidió al recaudador de impuestos de Coro, cobrar la alcabala con tal exceso y rigor". Luego agregó "que los blancos estaban confabulados con el recaudador de impuestos para no tener que pagar, de esta manera todo el peso de las contribuciones cayó sobre los brazos de los pobres."[498]

El análisis de Chirino fue confirmado por el capitán Francisco Jacot semanas después de la rebelión. El comandante afirmó que muchos caquetíos se habían quejado del exceso gravado por la alcabala. Según Jacot, las personas se veían obligadas habitualmente a entregar sus pertenencias personales, como camisas y aretes, si no tenían dinero en especie para pagar los impuestos sobre los bienes que transportaban.[499]

La situación de las mujeres indígenas era particularmente precaria dado que ellas eran las responsables de la comercialización. Muchas mujeres trabajaban en los conucos de sus familias y viajaban largas distancias para vender sus productos. Apenas seis semanas después de la rebelión, María Flores, una viuda del pueblo de los caquetíos en Santa Ana, reclamó que un recolector de alcabalas se había llevado el 25% de su maíz a pesar de que la tasa en ese momento era del 5%.[500]

El estado colonial dependía de impuestos como la alcabala para poder funcionar, pero la génesis y expansión del impuesto fue de la mano con la producción de plantaciones y de haciendas. Durante las secuelas de la insurrección, las autoridades declararon que había 150

---

497 Ibid.
498 Ibid., ff. 260-2.
499 Ibid., ff. 135-6.
500 Ibid., ff. 139-40.

plantaciones y haciendas en la región de Coro. De estas, 95 se dedicaban a la cría de 29.000 cabezas de ganado anuales. Las autoridades solo enumeraron siete plantaciones de cacao. Aunque no incluyeron el número de plantaciones de azúcar, es probable que la mayoría de las 48 fincas restantes se dedicaran a esta actividad.[501]

Pero el mercado laboral de Coro no estaba muy bien desarrollado. La mayoría de la gente no era empleada para trabajar a tiempo completo, pero en su lugar, utilizaban el trabajo en las plantaciones y haciendas para complementar sus prácticas independientes de subsistencia. Una plantación promedio contrataba alrededor de 30 individuos esclavizados y legalmente libres.[502] Por lo tanto, las 150 haciendas de la región llegaron a emplear aproximadamente 4.500 personas. Esto representaba solo el 17% de la población de Coro.

Dado que el 74% de la región eran personas legalmente libres de ascendencia africana y/o indígena, la alcabala tuvo el efecto de alentar a los campesinos a trabajar en plantaciones y haciendas por un salario. El pago de impuestos por transporte y comercialización, redujo las ganancias independientes de los pequeños agricultores, incentivando así la jornada laboral. La imposición de la alcabala impidió que las personas pudieran vender sus productos como lo acostumbraban antes del gravamen, ya que se veían obligadas a ceder *al menos* 5% de los productos que transportaban y vendían.

Además de servir como una fuente importante de ingresos estatales, la alcabala obligó a la gente a ingresar a los mercados laborales locales. Volviendo a los comentarios que Chirino le hizo a Rocillo, José Leonardo afirmó que el recaudador de impuestos de Coro estaba cobrando

---

501 Ibid., ff. 1-2.

502 El testamento de Tellería demuestra su propiedad sobre personas esclavizadas, que en su total daban un número menor a 40. Aproximadamente 30 de ellas trabajan en una de sus dos plantaciones de azúcar ubicadas en la sierra, dando a entender que él empleaba alrededor de 15 personas esclavizadas en cada plantación. Aunque, a menudo los cónyuges legalmente libres de las personas esclavizadas de Coro también trabajaban en las plantaciones.

la alcabala "con exceso y rigor." El exceso comentado por Chirino es una referencia a experiencias como la de María Flores cuando le cobraron una alcabala del 25% en lugar del 5% correspondiente. El "rigor" referido por Chirino fue la implementación de una política tributaria más estricta para reemplazar la laxa política que predominaba antes de la administración de Yturbe.

Sin embargo, la alcabala no era el único impuesto que agobiaba a los pobres. La Iglesia Católica también cobraba tributos. Durante su inspección al distrito de Coro, Martí destacó los "aportes" que los indígenas de la sierra le otorgaban a los corregidores y sacerdotes. Solo los pueblos tributarios de Coro tenían corregidores, sin embargo, todos los demás tenían sacerdotes. Los deberes de los sacerdotes variaban de un pueblo al otro. Pero, en esencia, debían asegurarse de que todos los niños asistieran a la iglesia dos veces al día y fuesen instruidos en español. Los sacerdotes también tenían la tarea de asegurarse que los adultos atendieran a la iglesia con regularidad. En algunos pueblos solo se tomaban en cuenta los domingos y los días de asueto, pero había otros donde la asistencia era necesaria todos los días.[503]

Los sacerdotes y corregidores provenían de familias adineradas y recibían buenas pagas por parte de los trabajadores indígenas. En la sierra, un sacerdote servía tanto a San Luis como a Pecaya, y los indígenas le pagaban respectivamente 60 y 90 pesos.[504] Un cura diferente servía en Pedregal y le pagaban 90 pesos anuales en hamacas, lo que probablemente era la misma forma de pago que en los otros dos pueblos.[505] El corregidor de la sierra servía a los tres pueblos de ajaguas y recibía un pago anual de 4 reales por cada indígena.

Los contribuyentes no eran los únicos indígenas responsables de estos pagos. En Cumarebo, cada caquetío tenía que pagar dos pesos al año para la compra de cera,

---

503 Martí, 40-95.
504 Ibid., 79.
505 Ibid., 86.

posiblemente utilizada en velas. Además, la comunidad en su conjunto tenía que pagar 194 pesos anuales al cura del pueblo. Por lo tanto, un matrimonio de Cumarebo a finales del siglo XVIII era responsable de hasta 3 pesos al año en contribuciones de la Iglesia. Esta cantidad de dinero equivalía a unos 24 días de trabajo al año.[506]

Pero no a todos los caquetíos se les cobraba tanto. La gente de Guaybacoa y Carrizal pagaba un peso anual al cura del pueblo.[507] Aquellos en la Península de Paraguaná pagaban aún menos. Los 1.900 caquetíos de Santa Ana le pagaban al sacerdote 180 pesos anuales, o la cifra equivalente de menos de un real por persona.[508] Aquellos de Moruy pagaban la misma cantidad.[509] Santa Ana y Moruy pagaban tarifas bajas, ya que no recibían mucha atención de la Iglesia. En Santa Ana, solo durante seis meses del año se celebraban servicios eclesiásticos, en cambio, en Moruy solo era durante tres meses.

Las relaciones laborales se transformaron en Coro, una vez abolida la encomienda en 1721. Los indígenas pasaron del trabajo forzado en plantaciones y haciendas al trabajo "voluntario" en estos mismos terrenos. La promulgación y expansión de la alcabala—uno de los principales objetivos de los rebeldes de Coro—incentivó el trabajo asalariado al disminuir la capacidad de las personas legalmente libres para proporcionarse su propia subsistencia.

Cuando los pagos de alcabala se dispararon en 1792, los rebeldes vieron invadidos sus medios de subsistencia y, como resultado, muchos se alzaron en armas. Pero no todos los sometidos a la alcabala y a otros medios de extracción laboral se rebelaron. De hecho, la mayoría de las personas legalmente libres, incluidos los indígenas de Coro, lucharon por la Corona pensando que esto les

---

506 Ibid., 49-51.
507 Ibid., 40.
508 Ibid., 89.
509 Ibid., 108.

brindaría una buena oportunidad para mejorar sus condiciones de vida.

Conclusiones

Los ajaguas exigieron remuneraciones por haber apoyado la contrarrevolución de la Corona. El 3 de agosto de 1795, un funcionario real, Gerónimo Tinoco, declaró que el pueblo de Pecaya se negaba a pagar los tributos debido a la promesa de exención por luchar contra los rebeldes. Tinoco informó que Yturbe había intentado recolectar los impuestos dos meses después de la insurrección, pero los indígenas rechazaron estas acciones. Las autoridades le informaron al asediado tesorero que ellos estaban absueltos de estos pagos. Los líderes amenazaron con "rebelarse" si Yturbe regresaba demandando los tributos.[510] Las tensiones aumentaron cuando Tinoco informó que los caquetíos habían manifestado que si Pecaya se rebelaba "no tomaran ellos las armas contra sus compañeros".[511]

Los ajaguas de la sierra no fueron los únicos indígenas que se negaron a pagar impuestos después de la insurrección. De hecho, el gobernador de Venezuela envió a Tinoco a la ciudad de Coro para investigar las denuncias sobre la negativa al pago por parte de los pueblos indígenas cercanos al Río Tocuyo. El Intendente de la Real Hacienda del pueblo, Miguel Francisco de Latiegui, notificó a Caracas que los de la ciudad de Jácura habían rechazado pagar el gravamen. Las autoridades también temían que estuviesen incitando a otras comunidades a hacer lo mismo. Peor aún, empezaron a correr rumores sobre un nuevo levantamiento, esta vez planeado por el pueblo de Jácura.[512]

La raíz de estos problemas se generó unas semanas antes a la insurrección. El 24 de abril de 1795, el

---

510 "Expediente," ff. 209.
511 Ibid.
512 Ibid., ff. 215.

Administrador de la Real Hacienda de Venezuela, Josef del Abad, emitió una "Instrucción" respecto al pago de tributos.[513] Abad dictaminó que todos aquellos descendientes de contribuyentes eran responsables del pago de impuestos. Este fue un golpe devastador para muchas de las comunidades de zambos en Coro, que después de evitar durante generaciones los temidos pagos, ahora se veían obligadas a realizarlos.[514]

Aunque la noticia sobre el dictamen no alcanzó a los rebeldes antes de que estos se alzaran en armas, el decreto influiría eventos subsiguientes a la insurrección. La mayoría de la gente indígena de Jácura eran clasificados como zambos. Un mes después de la insurrección, les informaron a las autoridades que nunca antes se les había exigido el pago de tributos y que no iban a empezar ahora. El administrador no forzó el asunto, ya que la Corona había dejado como instrucción proceder con cautela.[515] Después de realizar su investigación, Tinoco concluyó que la gente de Jácura, efectivamente, se había unido para rechazar el pago de tributos.

La alcabala siguió siendo un tema recurrente después de la rebelión. El 13 de junio, un cauteloso Jacot advirtió a sus superiores en Caracas que las autoridades de Coro debían evitar interferir en la vida de los indígenas, particularmente en el cobro excesivo de la alcabala. Jacot afirmó que esto podía "disgustar a estas gentes que son la mayor fuersa de esta Provincia."[516] Jacot envió esta carta apenas cinco días después de haber indicado lo mismo el 8 de junio, suplicándole a Caracas que cediera ciertos derechos a los caquetíos: "que dicte la providencia que estime conducentte a dulcificar el animo de aquellos, de cuya livertad unicamente puede decirse pende la defensa y conservacion de ese

---

513 "Testimonio de la Ynstruccion formada para las matriculas de yndios y auto de su aprovasíon por la Junta Superior de R.l Hac.da," Caracas 514, 24 de abril, 1795, AGI.

514 Ibid., ff. 9-10.

515 "Expediente," ff. 215.

516 Ibid., ff. 139-40.

territorio, la qual cada ves dan nuevas pruebas."[517] No solo insistió en que la autoridad de la Corona dependía de la cooperación con los caquetíos, sino que también reportó que no estaban contentos y se necesitaba que se les concedieran algunos favores.

Mientras los históricamente leales caquetíos y los oportunísticamente leales ajaguas luchaban por defender la Corona, algunos indígenas fueron castigados por sus crímenes en contra de ella. El 3 de junio, Ramírez Valderraín sentencio a 55 personas implicadas en la rebelión de mayo, incluyendo siete caquetíos que fueron condenados a 10 años de trabajo forzado en Puerto Cabello. El alguacil declaró que los caquetíos habían confesado ser culpables y "aunque reos estos de pena capital no se les impone por la conspiración que se teme de sus compañeros que estan en guarnicion de la ciudad sobre las armas por el motivo de la insurgencia."[518]

Al tiempo que unos caquetíos fueron castigados, otros fueron recompensados. El 29 de mayo de 1797, el gobernador de Venezuela, Pedro Carbonell, repartió recompensas económicas por el servicio ejemplar. El "Capitán indio" de Santa Ana, Pedro Phelipe, recibió 25 pesos—una cantidad asombrosa de dinero para la época y el contexto, aproximadamente equivalía a 200 días laborales. Carbonell también le otorgo 12 pesos al sargento de Phelipe, Juan Andrés Bernal, y 10 pesos a cada uno de los 20 soldados del mismo pueblo.[519] Estos hombres fueron especialmente considerados ya que fueron los primeros soldados en defender la ciudad.[520]

Las comunidades tributarias de la sierra y de Jácura también serían recompensadas a su tiempo. En 1798, Carbonell dictaminó que todos los contribuyentes de la provincia de Coro estarían, a partir de entonces, exentos de impuestos. Carbonell argumentó que esta inmunidad

517 Ibid., ff. 137.
518 Ibid., ff. 65.
519 Ibid., ff. 154.
520 Ibid., ff. 351.

les permitiría "conocer el aprecio que merece la lealtad", luego de que estos "yndios" "concurrieran a la accion laudable de exterminar a el enemigo."[521] Carbonell agregó, "que acreditasen su calidad de tales yndios permitirles casarse con blancas para que se aumentase aquella poblacion desolada en el dia."[522]

Este permiso para casarse con mujeres blancas fue una "recompensa" extraordinaria para las comunidades tributarias de Coro. También fue el reflejo de una sociedad patriarcal que mercantilizaba los cuerpos de las mujeres. Las mujeres blancas eran consideradas como un símbolo de riqueza, gracia y belleza—algo codiciado por muchos y supuestamente deseado por todos.

Estas recompensas otorgadas a los indígenas después de la rebelión fueron el resultado de las luchas de estos pueblos contra un proceso mortal de acumulación por despojo que había comenzado tres siglos atrás. Los indígenas que se rebelaron, lo hicieron por que rechazaban la imposición colonial de la alcabala, los tributos, y las contribuciones eclesiásticas y del corregidor. También repudiaban su creciente necesidad de trabajar en las plantaciones, su pérdida de independencia, y su baja posición en la jerarquía de raza y clase de Coro.

La conquista también determinó la derrota de los rebeldes. En 1531, a los caquetíos se les otorgaron ciertas "concesiones" por "permitir" que los españoles se establecieran en Todariquiba. Como parte del trato, se esperaba de los caquetíos que sirvieran como ejército de reserva siempre que la Corona necesitase de su apoyo. Las autoridades coloniales dependieron de los caquetíos para sofocar la rebelión, ya que sus posibilidades de éxito parecían inalcanzables sin su ayuda. Irónicamente, el proceso que indujo la insurrección fue el mismo que impidió su consumación. Y esta dialéctica continúa.

---

521 Ibid., ff. 16-7.
522 Ibid.

Conclusión: La Conquista Continúa

Después de que Venezuela declarara su independencia de España (1811), la mayoría negra y parda del país todavía seguía colonizada por las élites criollas. La esclavitud no fue abolida hasta más de 40 años después (1854). Incluso después de esto, las personas de ascendencia africana e indígena (la gran mayoría de la población) continuaron trabajando duro para los propietarios blancos de las plantaciones y haciendas.

La colonización interna se complementó con la dominación imperial ejercida desde el exterior—ahora a través de los Estados Unidos de América. El libertador de Venezuela, Simón Bolívar, advirtió sobre el naciente imperio de los Estados Unidos de América pocos meses antes de su muerte, escribiendo en 1829 que este país parecía "destinado por la Providencia para plagar la América de miserias a nombre de la Libertad."[523] Y Bolívar tenía razón. Al igual que en otras partes de las Américas, Estados Unidos efectivamente subdesarrolló a Venezuela, dominando el panorama político y económico del país durante gran parte del siglo XX.

Pero la resistencia a esta dominación fue constante, obteniendo una gran victoria cuando Hugo Chávez Frías fue elegido presidente en 1998. Su gobierno revolucionario inició una redistribución radical de la riqueza petrolera del país, mejorando las condiciones de vida de la población. Las oportunidades educativas

---

523 Letter to Colonel Patrick Campbell, British Chargé d' Affaires: 'Plague America with Miseries,'" in *El Libertador: Writings of Simón Bolívar*, ed. David Bushnell (New York: Oxford University Press, 2003), 172-3.

se abrieron drásticamente para la mayoría de la población marginada, al igual que el acceso a la salud y la vivienda. La Revolución Bolivariana también se resistió a la dominación de Estados Unidos en el escenario internacional y apoyó movimientos emancipadores alrededor del mundo, particularmente en el Sur Global.

La solidaridad venezolana probo ser más fuerte con sus vecinos más cercanos que en cualquier otro lugar, cuando el socialismo del siglo XXI arrasó en las antiguas colonias ibéricas. Décadas de políticas neoliberales fallidas, combinadas con luchas laborales exitosas y nuevas aperturas para el espacio democrático liberal (burgués), proporcionaron las condiciones necesarias para una revolución legal. Los gobiernos electos en Argentina (2003), Brasil (2003), Bolivia (2006), Honduras (2006), Ecuador (2007), Nicaragua (2007), Paraguay (2008) y El Salvador (2009) promulgaron políticas para restructurar sus economías políticas dependientes a través de reformas agrarias, nacionalizaciones e inversiones históricas en educación y salud.

Estos gobiernos también tenían como objetivo terminar con el control dictatorial de los Estados Unidos de América sobre el planeta. La integración latinoamericana sentó las bases a través de la creación de bloques políticos y económicos internacionales como La Alianza Bolivariana para los Pueblos de Nuestra América (2004), La Unión de Naciones Suramericanas (2008) y La Comunidad de Estados Latinoamericanos y Caribeños (2010). Además de oponerse a la Organización de Estados Americanos con sede en Washington —lo que Fidel Castro alguna vez acertadamente describiría como el "Ministerio yanqui de Colonias" — fueron útiles para crear cohesión entre el Caribe, México, América Central y del Sur. Esto brindaría a la región una mejor posición para tratar con los Estados Unidos. Este impulso hacia la construcción de un mundo multipolar también influenció la formación de los BRICS (2006), organización que comprende a algunas de las economías emergentes más grandes —Brasil, Rusia, India, China, Sudáfrica—y que, al mismo tiempo, es una gran amenaza para la supremacía de los Estados Unidos a nivel mundial.

El liderazgo de la Revolución Bolivariana no solo amenazó el dominio imperial de Estados Unidos sobre el mundo, sino también las fortunas de la clase adinerada local. El sabotaje económico fue una característica permanente de la vida en Venezuela durante los años de Chávez, con importadores y vendedores acaparando bienes, especialmente en época de elecciones.[524] Durante este período, el gobierno de los Estados Unidos canalizó cientos de millones de dólares a sus serviles aliados oligárquicos en el país para derrocar al gobierno bolivariano.[525] Después de la muerte de Chávez, esta camarilla intensificó sus campañas políticas, económicas, e informativas en un esfuerzo por asegurar el fin de la Revolución. Seguidamente, se puso en marcha una guerra mucho más sucia en contra del gobierno del sucesor de Chávez, Nicolás Maduro.

Hoy en día, Venezuela sufre un brutal bloqueo que ha devastado el sector petrolero del país, responsable del 99% de las exportaciones.[526] La población ha abandonado su país en masa, mientras los Estados Unidos se embarcan en un ataque multi-frontal más beligerante en contra de ese país. Las incursiones militares lideradas y apoyadas por los Estados Unidos aparentemente se han vuelto ubicuas. El apoyo estadounidense a Juan Guaidó—un político prácticamente desconocido antes de ser ungido presidente por los Estados Unidos—y su esfuerzo para obligar a los sectores de oposición más fuertes del país a boicotear las elecciones, han dejado al país en un impasse.

---

524 Pasqualina Curcio Curcio, *La Mano Visible del Mercado: Guerra Económica en Venezuela* (Caracas: Editorial Nosotros Mismos, 2016).

525 Eva Golinger's work is particularly useful in tracking US intervention in Venezuela. See: Eva Golinger, *The Chávez Code: Cracking US Intervention in Venezuela* (London: Pluto Press, 2006). Also see: Jean-Guy Allard and Eva Golinger, *USAID, NED y CIA: La agresión permanente* (Caracas: Ministerio del Poder Popular para la Comunicación y la Información, 2009).

526 "Venezuela facts and figures," OPEC. https://www.opec.org/opec_web/en/about_us/171.htm. Revisado en línea el 19 de septiembre del 2020.

Pero a pesar de la presión y las probabilidades aparentemente insuperables, Venezuela se ha mantenido firme gracias a dos décadas de trabajo de base. La dedicación del país por la educación política está dando frutos, ya que gran parte del pueblo sabe que la acción imperial de los Estados Unidos es al menos parcialmente responsable de sus dificultades actuales. Esta no es una hazaña pequeña. Y es un reflejo de los avances que la Revolución Bolivariana ha hecho por arrebatar la hegemonía neoliberal y neofascista sobre los medios, la cultura, y la educación. Igual de importante, el compromiso de la Revolución con los campesinos y trabajadores del país le ha permitido proveer métodos de subsistencia a estos sectores durante esta época de crisis, a través de programas como el Comité Local de Abastecimiento y Producción (CLAP).

La resistencia de Venezuela a la conquista, esta vez adaptada al siglo XXI, refleja la lucha de los revolucionarios de Coro en 1795. Los negros e indígenas de la región se enfocaron en la esclavitud, la alcabala, el tributo indígena y todos los demás impuestos, siendo totalmente conscientes que se trataba de imposiciones provenientes de la oligarquía blanca del país con la intención de explotar a la gente de color de escasos recursos. También sabían que estos gobernantes eran parte de un sistema colonial que los mantenía oprimidos; que si no establecían una república independiente, estarían condenados para siempre a la suerte de la que tanto querían escapar.

Los rebeldes pudieron desencadenar este movimiento porque las condiciones estaban dadas para ello. Una revolución anti-esclavista estaba ocurriendo a lo largo del circuito del Caribe. Los africanos autoliberados en Saint-Domingue (Haití) lideraban y ganaban la lucha contra los esclavistas e imperialistas europeos. Circulaban rumores que la esclavitud había sido realmente abolida y que la corrupción estaba impidiendo que estas promesas se hicieran realidad. Estos hechos coincidieron con el drástico aumento de la alcabala en los años previos a la insurrección. Esta imposición hizo de la subsistencia algo más difícil de lo que solía ser y obligó a las personas negras e indígenas legalmente libres a alejarse de aquellos estilos de vida en los que encontraban refugio.

Pero estas condiciones eran aprovechables ya que, fundamentalmente, los campesinos de Coro rechazaban el colonialismo, la supremacía blanca, la esclavitud, y los impuestos. Estas personas valoraban a sus familias y su bienestar; apreciaban su independencia personal—la capacidad de trabajar por sí mismos siempre y cuando pudieran crear el espacio para ello. Rechazaban las abyectas desigualdades legales, raciales, políticas y económicas que definían la vida en Coro y repudiaban las deshumanizadoras condiciones laborales de las plantaciones y haciendas. Sin la presencia de estas importantes convicciones, la influencia de rumores y corrientes habrían tenido poca relevancia.

Las prácticas políticas y económicas equitativas, provenientes de las tierras originarias de los rebeldes, influyeron en gran medida sobre la decisión de derrocar la esclavitud, los impuestos, y el dominio colonial. Las costumbres comunitarias de los pueblos autóctonos de la Costa de Oro, la Costa Loango, y Coro dieron forma a sus ideas igualitarias. Las prácticas políticas y económicas a nivel del hogar y la comunidad eran particularmente importantes. Aunque no carentes de jerarquías, las familias y los pueblos practicaban la ganadería y la cría colectiva, además de compartir equitativamente los frutos de estos trabajos.

Es importante señalar que dichas bases materiales no eran exclusivas de estas tres regiones del mundo. Por el contrario, son los principios fundamentales de todas las comunidades campesinas que jamás hayan existido.[527] Este libro sugiere que el estudio de las ideas igualitarias en las Américas durante la Era de la Revolución ha

527 Ver al clásico James C. Scott, *The Moral Economy of the Peasant: Rebellion and Subsistence in Southeast Asia* (New Haven and London: Yale University Press, 1976).

carecido de análisis materialista.[528] Las ideas radicales sobre la igualdad no surgieron del aire ni de la mente de europeos adinerados. Han acompañado a los seres humanos durante milenios y tienen sus raíces en las economías campesinas que la humanidad ha desarrollado durante la mayor parte de su existencia.

Los campesinos de Bretaña, Devon, y Flandes producían los materiales que se consumían en Coro y que también se empleaban en la compra de personas esclavizadas en las Costas de Oro y de Loango. La intricada manera en que se fabricaban durante este período las mercancías, como los textiles, aseguraba que las élites blancas adineradas fuesen prácticamente las únicas en Coro que pudiesen comprar productos continentales. Este hecho creó y reprodujo el sistema de clases racializado de la región. Los propietarios de las plantaciones de Coro acumulaban capital para comprar y exhibir artículos tales como la tela europea, y ganaban dinero explotando a trabajadores esclavizados y legalmente libres de ascendencia africana y/o indígena. Podríamos decir que el anverso de la moneda representaba la compra de mercancías europeas y su reverso representaba el trabajo en plantaciones y haciendas.

Esta moneda era un sistema político y económico centrado en Europa y guiado por diversos intereses fusionados en torno a la necesidad de acumular capital y extender la supremacía blanca. Coronas, comerciantes, terratenientes, y especuladores europeos—todos guiados por motivaciones dispares—construyeron los imperios que crearon lugares como Coro. Muchos de estos individuos e instituciones eran rivales entre sí, sin embargo, a veces trabajaban juntos.

528 Hay excepciones notables a esta regla general, introducida en el texto clásico de C.L.R James. Ver C.L.R. James, *The Black Jacobins: Toussaint L'Ouverture and the San Domingo Revolution*, second edition revised (New York: Random House, 1963). También ver: Jean Fouchard, *Haitian Maroons: Liberty or Death* (New York: E.W. Blyden Press, 1981).

Las sociedades mercantiles europeas fueron clave para propulsar este sistema atlántico. La estructura económica campesina o feudal de Europa limitaba la reserva de capital disponible para comerciantes e imperialistas. La idea de sociedades mercantiles permitió que varios actores—liderados por familias reales—se asociaran. De esta manera, las élites europeas pudieron forzar la apertura de nuevos mercados para las mercancías que traficaban.

Pero sería un error etiquetar este complejo de relaciones atlánticas como capitalista. Este fue el período de acumulación originaria, el sistema que dio lugar a nuestra actual problemática política y económica. Durante el siglo XVIII, la economía atlántica de Europea se basó en la estructura de producción campesina, no en la producción capitalista. Los trabajadores textiles tenían acceso tanto a sus medios de subsistencia como a sus medios de producción. En comparación con el capitalismo, este método era costoso e ineficiente. Se necesita más investigación para confirmarlo, pero este estudio reúne más evidencia para sugerir que el modo de producción capitalista puede no haberse apoderado de las industrias de Gran Bretaña sino hasta mediados del siglo XIX.

Definir e historizar al capitalismo es de suma importancia para comprender tanto el pasado como nuestro presente. En particular, podríamos aprender más sobre la historia del imperialismo europeo. Es importante señalar que la lógica de la producción feudal y la acumulación originaria se basaba más en el crecimiento mediante la expansión geográfica que a través de la innovación, la cual es crucial en el capitalismo. Esto no quiere decir que ambos sistemas no hayan incluido, ni incluyan, ambas tendencias. Pero el método de producción del capitalismo, lo *obliga* a esforzarse a reducir costos y a generar los avances tecnológicos necesarios para esto. Será importante estudiar el desarrollo del modo de producción capitalista en las industrias europeas y ver cómo influyó en la naturaleza del imperialismo y el colonialismo. Si mi hipótesis, la cual indica que el capitalismo no despegó sino hasta mediados del siglo XIX, es correcta, esta coincidiría aproximadamente con el advenimiento del colonialismo formal en África y el neocolonialismo en gran parte de las Américas.

Para concluir, no nos podemos comprender hoy si no tenemos una lectura precisa de nuestra historia. Si la industria capitalista se desarrolló mucho después de lo comúnmente establecido, entonces las Américas no están tan "atrasadas" en términos de desarrollo como se ha supuesto. Esto también proporciona un entendimiento al por qué ciertos países del Sur Global han podido "ponerse al día" asistiendo a sus industrias incipientes en lugar de servir estrictamente como mercados de consumo para mercancías occidentales. Una comprensión más clara de la historia del capitalismo conduce lógicamente a una interpretación más precisa del desarrollo económico. Y esto puede ayudar a los países del Sur Global mientras trazan caminos hacia la igualdad real y la verdadera independencia—los mismos objetivos deseados por los revolucionarios de Coro.

Apéndice

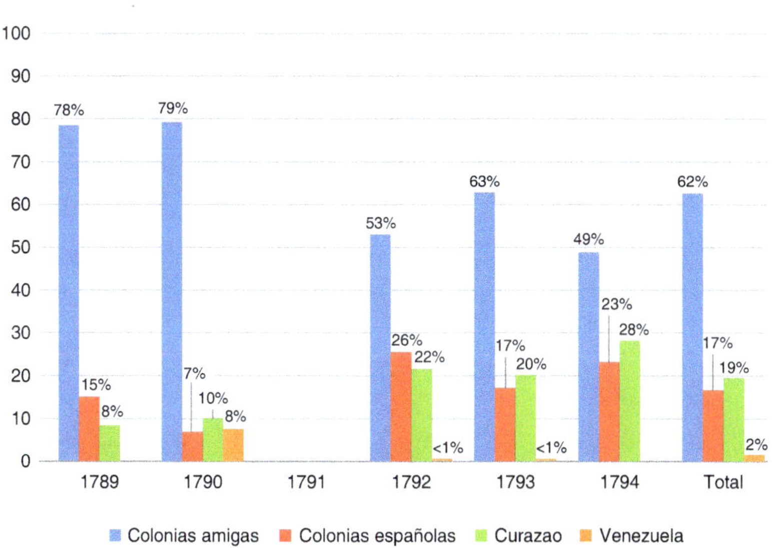

Destinos de las exportaciones de Coro, 1789-1794

Bibliografía

Archivos

Academia Nacional de Historia, Caracas, Venezuela (ANH).

Archivo General de Indias, Seville, Spain (AGI).

Archivo General de la Nación, Caracas, Venezuela (AGN).

Archivo General de Simancas, Simancas, Spain (AGS).

Archivo Histórico del Estado de Falcón, Coro, Venezuela (AHF).

Nationaal Archief, The Hague, The Netherlands (NAN).

The British Library, London, United Kingdom (BL).

The National Archives, Kew, United Kingdom (NAK).

The National Archives-Prerogative Court of Canterbury, Canterbury, United Kingdom (NAC).

Libros y Boletines

"2018 FIU Cuba Poll: How Cuban Americans in Miami View U.S. Policies Towards Cuba." *Steven J. Green School of International and Public Affairs.* https://cri.fiu.edu/research/cuba-poll/2018-fiu-cuba-poll.pdf. Visto en línea el 4 de septiembre del 2020.

Acosta Saignes, Miguel. *Vida de los esclavos negros en Venezuela.* La Habana: Casa de las Américas, 1978.

Adelaar, Willem F.H. *The Languages of the Andes.* Cambridge: Cambridge University Press, 2004.

Addobbati, Andrea A. "When Proof is Lacking: A Ship Captain's Oath and Commercial Justice in the Second Half of the Seventeenth Century." *Quaderni Storici* 153 (2016): 727-52.

Aizpurua, Ramón. "Revolution and Politics in Venezuela and Curaçao, 1797-1800. In *Curaçao in the Age of Revolutions, 1795-1800.* Editado por Wim Klooster y Gert Oostindie. Leiden: KITLV Press, 2011.

Allard, Jean-Guy and Eva Golinger. *USAID, NED y CIA: La agresión permanente.* Caracas: Ministerio del Poder Popular para la Comunicación y la Información, 2009.

Althusser, Louis. *For Marx.* London and New York: Verso, 2005.

Arcaya, Pedro Manuel. *Historia del estado Falcón.* Caracas: Tip. La Nación, 1953.

Arhin, Kwame. "The Structure of Greater Ashanti (1700-1824)." *The Journal of African History* 8:1 (1967): 65-85.

Arcila Farías, Eduardo. *Economía colonial de Venezuela.* México: Fondo de Cultura Económica, 1946.

Aston, T.H. and C.H.E. Philpin, eds. *The Brenner Debate: Agrarian Class Structure and Economic Development in Pre-Industrial Europe.* Cambridge: Cambridge University Press, 1987.

Beckles, Hilary. *Natural Rebels: A Social History of Enslaved Black Women in Barbados.* New Brunswick, N.J.: Rutgers University Press, 1989.

Borucki, Alex. "Trans-imperial History in the Making of the Slave Trade to Venezuela, 1526-1811." *Itinerario* 36:2 (2012): 29-54.

Boxer, C.R. *The Dutch Seaborne Empire, 1600-1800.* London: Hutchinson, 1965.

Brenner, Robert. "Agrarian Class Structure and Economic Development in Pre-Industrial Europe." *Past and Present.* 70 (1976): 31-75.

------"The Origins of Capitalist Development: A Critique of Neo-Smithian Marxism." *New Left Review.* 104 (1977): 25-92.

------"The Agrarian Roots of European Capitalism." *Past and Present.* 97 (1982): 16-113.

------"Property and Progress: Where Adam Smith Went Wrong." In *Marxist History-Writing in the Twenty-First Century*, edited by Chris Wickham. Oxford: British Academy, 2007.

Brito Figueroa, Federico. *El problema de tierra y esclavos en la historia de Venezuela.* Caracas: Universidad Central de Venezuela, 1985.

Buck-Morss, Susan. *Hegel, Haiti and Universal History.* Pittsburgh: University of Pittsburgh Press, 2009.

Bushnell, David, editor. "Letter to Colonel Patrick Campbell, British Chargé d' Affaires: 'Plague America with Miseries." In *El Libertador: Writings of Simón Bolívar.* New York: Oxford University Press, 2003.

"Cacique Manaure." En Biografías Egly Colina Marín Primera. Eglycolinamarinprimera.glogspot.com/2014/11/cacique-manaure-2.html?m=1.

Campbell, Mavis C. *The Maroons of Jamaica, 1655-1796: A History of Resistance, Collaboration & Betrayal.* Trenton, N.J.: Africa World Press, 1990.

Carneiro, Edison. *O quilombo dos Palmares*. Rio de Janeiro: Editora Civilização Brasileira, 1966.

Carswell, John. *The South Sea Bubble*. Dover, N.H.: Alan Sutton, 1993.

Chapman, Stanley, ed. *The Devon Cloth Industry in the Eighteenth Century: Sun Fire Office Inventories of Merchants' and Manufacturers' Property, 1726-1770*. Exeter: Devon and Cornwall Record Society, 1978.

Childs, Matt. *The 1812 Aponte Rebellion in Cuba and the Struggle Against Atlantic Slavery*. Chapel Hill: University of North Carolina Press, 2006.

Clegg, John T. "Capitalism and Slavery." *Critical Historical Studies*. 2:2 (2015): 281-304.

Coppejans-Desmedt, Hilda. *Bijdrage tot de studie van de gegoede burgerij te Gent in de XVIIIe eeuw: de vorming van een nieuwe social-economische stand ten tijde*. Brussels: Paleis der Academiën, 1952.

Cugoano, Quobna Ottobah. *Thoughts and Sentiments on the Evil of Slavery*. New York: Penguin Books, 1999.

Curcio, Pasqualina. *La mano visible del mercado: Guerra económica en Venezuela*. Caracas: Editorial Nosotros Mismos, 2016.

Dale, Richard. *The First Crash: Lessons from the South Sea Bubble*. Princeton and Oxford: Princeton University Press, 2004.

Davies, K.G. *The Royal African Company*. New York: Octagon Books, 1975.

Davis, Angela Y. *Women, Race & Class*. New York: Vintage Books, 1983.

Dayan, Joan. *Haiti, History, and the Gods*. Berkeley: University of California Press, 1995.

de Amezaga, Vicente. *Hombres de la compañía guipuzcoana, Vol. II*. Bilbao: Editorial la Gran Enciclopedia Vasca.

de Basterra, Ramón. *Los navíos de la ilustración: Una empresa del siglo XVIII*. Madrid: Ediciones Cultura Hispánica, 1970.

de Grandpré, L. *Voyage à la côte occidentale d'Afrique, fait dans les années 1786 et 1787*. Paris, 1801.

Daaku, Kwame Yeboa. *Trade and Politics on the Gold Coast, 1600-1720*. Oxford: The Clarendon Press, 1970.

-----"Aspects of Precolonial Akan Economy." *The International Journal of African Historical Studies* 5:2 (1972): 245.

Defoe, Daniel. "A Tour Through Great Britain (1724)." In *Early Tours in Devon and Cornwall*. Edited by R. Pearse Chope. Devon: David & Charles, 1967.

Depons, F. *Travels in Parts of South America, during the years 1801, 1802, 1803 & 1804, vol. 2*. London: Richard Phillips, 1806.

Duarte, Carlos F. *Historia del traje durante la época colonial venezolana*. Caracas: Armitano, 1984.

Dubois, Laurent. *A Colony of Citizens: Revolution and Slave Emancipation in the French Caribbean, 1787-1804*. Chapel Hill: University of North Carolina Press, 2004.

-----*Avengers of the New World: The Story of the Haitian Revolution*. Cambridge, Mass.: Belknap Press of Harvard University Press, 2004.

Du Bois, W.E.B. *Black Reconstruction in America, 1860-1880*. New York: The Free Press, 1935.

Earle, Rebecca. "Luxury, Clothing and Race in Colonial Spanish America." In *Luxury in the Eighteenth Century: Debates, Desires and Delectable Goods*. Edited by Maxine Berg and Elizabeth Eger. New York: Palgrave, 2003.

Emmer, P.C. "The West India Company, 1621-1791: Dutch or Atlantic?" In *Companies and Trade: Essays on Overseas Trading Companies during the Ancien Régime*. Edited by L. Blussé and F. Gaastra. Leiden: Leiden University Press, 1981.

Estornés Lasa, José. *La Real Compañía Guipuzcoana de navegación de Caracas*. Buenos Aires: Editorial Vasca, 1948.

"Exclusive: Trump cold on Guaidó, would consider meeting Maduro." En *Axios*. Publicado el 21 de junio del 2020. https://www.axios.com/trump-venezuela-guaido-maduro-ea665367-b088-4900-8d73-c8fb50d96845.html

Ferrer, Ada. *Freedom's Mirror: Cuba and Haiti in the Age of Revolution*. New York: Cambridge University Press, 2014.

Fiennes, Celia. "Through England on a Side Saddle," in *Early Tours in Devon and Cornwall*. Edited by R. Pearse Chope. Devon: David & Charles, 1967.

Finch, Aisha. *Rethinking Slave Rebellion in Cuba:* La Escalera *and the Insurgencies of 1841-1844*. Chapel Hill: The University of North Carolina Press, 2015.

Flynn, J.K. *Asante and Its Neighbors, 1700-1807*. London: Northwestern University Press, 1971.

Fouchard, Jean. *Haitian Maroons: Liberty or Death*. New York: E.W. Blyden Press, 1981.

Fox, Harold S.A. "Outfield Cultivation in Devon and Cornwall: A Reinterpretation. In *Husbandry and Marketing in the South-West, 1500-1800*. Edited by Michael Havinden. Exeter: University of Exeter Press, 1973.

Garate Ojanguren, Montserrat. *La Real Compañía Guipuzcoana de Caracas*. San Sebastián, Spain: Grupo Doctor Camino, 1990.

Garraway, Doris, ed. *Tree of Liberty: Cultural Legacies of the Haitian Revolution in the Atlantic World*. Charlottesville: University of Virginia Press, 2008.

Gaspar, David Barry and David Patrick Geggus, eds. *A Turbulent Time: The French Revolution in the Greater Caribbean*. Bloomington: Indiana University Press, 1997.

Geggus, David Patrick. *Slavery, War, and Revolution: The British Occupation of Saint Domingue, 1793-1798*. Oxford: Clarendon Press, 1982.

-----*Haitian Revolutionary Studies*. Bloomington: Indiana University Press, 2002.

Geggus, David Patrick and Norman Fiering. *The World of the Haitian Revolution*. Bloomington: Indiana University Press, 2009.

Gil Rivas, Pedro A., Luis Dovale Prado and Lidia Lusmila Bello. *La insurrección de los negros de la serranía coriana: 10 de mayo de 1795*. Caracas: Ministerio de Educación, Cultura y Deportes, 2001.

Golinger, Eva. *The Chávez Code: Cracking US Intervention in Venezuela*. London: Pluto Press, 2006.

Goslinga, Cornelis. *The Dutch in the Caribbean and in the Guianas, 1680-1791*. Assen: Van Corcum, 1985.

Hall, Stuart. "Gramsci's Relevance for the Study of Race and Ethnicity." *Journal of Communication Inquiry*. 10:2 (1986), 5-27.

------"The Problem of Ideology—Marxism without Guarantees." *Journal of Communication Inquiry*. 10:2 (1986): 28-44.

Harris, Cheryl I. "Whiteness As Property." *Harvard Law Review*. 106.8 (1993): 1707-1791.

Havinden, Michael, Andre Lespagnol, Jean-Pierre Marchand y Stephen Mennel. "How the Regions became Peripheral: A Complex Long-Term Historical Process." In *Centre and Periphery: Brittany and Cornwall & Devon Compared*. Edited by M.A. Havinden, J. Quéniart, and J. Stanyer. Exeter: University of Exeter Press, 1991.

Havinden, Michael. "The Woollen, Lime, Tanning and Leather-working, and Paper-making Industries, c. 1500-1800." En *Historical Atlas of South-West England*. Editado por Roger Kain y William Ravenhill. Exeter: University of Exeter Press, 1999.

Heijer, Henk. *De geschiedenis van de Wic*. Zutphen: Walburg Pers, 2007.

Hering, J.H. *Beschrijving van het eiland Curaçao*. Amsterdam: S. Emmering, 1969.

Hernández Baño, Adrián. *Los Caquetíos de Falcón: Modos de vida*. Coro, Venezuela: Instituto de Cultura del Estado Falcón, 1984.

Hoare, Quintin and Geoffrey Nowell Smit, ed., trans. *Selections from the Prison Notebooks of Antonio Gramsci*. New York: International Publishers, 1971.

Hobsbawm, Eric J. *Age of Revolution, Europe, 1789-1848*. N.Y: Praeger Publishers, 1962.

Hoskins, W.G. *Industry, Trade and People in Exeter, 1688-1800.* Exeter: University of Exeter, 1968.

Hudson, Pat. *The Genesis of Industrial Capital: A Study of the West Riding Wool Textile Industry, c. 1750-1850.* Cambridge and New York: Cambridge University Press, 1986.

Hudson, Peter James. *Bankers and Empire: How Wall Street Colonized the Caribbean.* Chicago: The University of Chicago Press, 2017.

Hussey, Ronald Dennis. *The Caracas Company, 1728-1784: A Study in the History of Spanish Monopolistic Trade.* Cambridge: Harvard University Press, 1934.

Inikori, Joseph E. *Slavery and the Rise of Capitalism.* Mona, Jamaica: Dept. of History, the University of the West Indies, 1993.

-----*Africans and the Industrial Revolution in England: A Study in International Trade and Economic Development.* New York: Cambridge University Press, 2002.

James, C.L.R. *The Black Jacobins: Toussaint L'Ouverture and the San Domingo Revolution*, second edition revised. New York: Random House, 1963.

Klooster, Wim. *Illicit Riches: Dutch Trade in the Caribbean, 1648-1795.* Leiden: KITLV Press, 1998.

-----"Curaçao as a Transit Center to the Spanish Main and the French West Indies." In *Dutch Atlantic Connections, 1680-1800: Linking Empires, Bridging Borders*, ed. Gert J. Oostindie and Jessica V. Roitman. Leiden and Boston: Brill, 2014.

La Rosa Corzo, Gabino. *Runaway Slave Settlements in Cuba: Resistance and Repression.* Chapel Hill and London: The University of North Carolina Press, 2003.

Legassick, Martin and David Hemson. *Foreign Investment and the Reproduction of Racial Capitalism in South Africa.* London: The Anti-Apartheid Movement, 1976.

Levine, David. *Family Formation in an Age of Nascent Capitalism.* New York: Academic Press, 1977.

Locklin, Nancy. *Women's Work and Identity in Eighteenth-Century Brittany.* Burlington, Vt.: Ashgate Pub., 2007.

Lugo, Juan R. and Fulvia M. Polanco, *Reflexiones sobre el* zambo *José Leonardo y tradiciones de la* sierra. Coro, Edo. Falcón, Venezuela: Editorial Buchivacoa, 1998.

Lynch, John. *Simón Bolívar: A Life.* New Haven and London: Yale University Press, 2006.

Mansur, Jossy M. *E indiannan Caquetío.* Aruba: Imprenta Nacional Arubano, 1981.

Martí, Mariano. *Documentos relativos a su visita pastoral de la Diócesis de Caracas (1771-1784): providencias.* Caracas: ANH, 1969.

Martin, Phyllis M. *The External Trade of the Loango Coast, 1576-1870: The Effects of Changing Commercial Relations on the Vili Kingdom of Loango.* Oxford: The Clarendon Press, 1972.

Marx, Karl. *Capital, Volume 1.* New York: Penguin Books, 1990.

Martin, Jean. *Toiles de Bretagne: la manufacture de Quintin, Uzel et Loudéac, 1670-1850.* Rennes: Presses Universitaires de Rennes, 1998. https://books.openedition.org/pur/21844.

Mendels, Franklin F. *Industrialization and Population Pressure in Eighteenth-Century Flanders.* New York: Arno Press, 1981.

Mills, Charles W. "Revisionist Ontologies: Theorizing White Supremacy." *Social and Economic Studies* 43: 3 (1994): 105-34.

Mobley, Christina Frances. "The Kongolese Atlantic: Central African Slavery & Culture from Mayombe to Haiti." Ph.D. diss.: Duke University, 2015.

Morgan, Jennifer L. *Laboring Women: Reproduction and Gender in New World Slavery.* Philadelphia: University of Pennsylvania Press, 2004.

-----"Partus Sequitur Ventrem: Law, Race, and Reproduction in Colonial Slavery." *Small Axe* 22.1 (2018): 1-17.

Nesbitt, Nick. *Universal Emancipation: The Haitian Revolution and the Radical Enlightenment.* Charlottesville: University of Virginia Press, 2008.

Palmer, Colin. *Human Cargoes: The British Slave Trade to Spanish America, 1700 1739.* Urbana: University of Illinois Press, 1981.

Paul, Helen. *The South Sea Bubble: An Economic History of its Origins and Consequences.* London and New York: Routledge, 2011.

Perbi, Akosua Adoma. *A History of Indigenous Slavery in Ghana: From the 15th to the 19th Century.* Legon: Sub-Saharan Publishers, 2004.

Pierre, Jemima. *The Predicament of Blackness: Postcolonial Ghana and the Politics of Race.* Chicago and London: The University of Chicago Press, 2013.

Postma, Johannes. *The Dutch in the Atlantic Slave Trade, 1600-1815.* Cambridge and New York: Cambridge University Press, 1990.

Proyart, L'Abbé. *Histoire de Loango, Kakongo, et autres Royaumes d'Afrique.* Paris, 1776.

Rivera, Enrique Salvador. "Whitewashing the Dutch Atlantic." *Social and Economic Studies* 64:1 (2015): 117-132.

Robinson, Casey. *The Fighting Maroons of Jamaica.* Jamaica: William Collins and Sangster, 1969.

Robinson, Cedric. *Black Marxism: The Making of the Black Radical Tradition.* Chapel Hill: University of North Carolina Press, 2000.

Rodney, Walter. *A History of the Upper Guinea Coast: 1545-1800.* New York: Monthly Review Press, 1970.

Rojas, Neruska. "Las criollas y sus trapos: matices de la moda femenina caraqueña durante la segunda mitad del siglo XVIII." In *Se acata pero no se cumple: historia y sociedad en la Provincia de Caracas (siglo XVIII).* Edited by Neller Ramón Ochoa Hernández and Jorge Flores González. Caracas: Academia Nacional de la Historia, 2014.

Rosas González, Otilia. *El tributo indígena en la Provincia de Venezuela.* Caracas: Historiadores SC, 1998.

-----"La población indígena en la Provincia de Venezuela." Ph.D. diss.: Universidad de Salamanca, 2015.

Ruette-Orihuela, Krisna and Cristina Soriano. "Remembering the Slave Rebellion of Coro: Historical Memory and Politics in Venezuela." *Ethnohistory* 63:2 (2016): 327-350.

Rupert, Linda. *Creolization and Contraband: Curaçao in the Early Modern Atlantic World.* Athens, Ga.: University of Georgia Press, 2012.

Sanoja, Mario and Iraida Vargas. *Antiguas formaciones y modos de producción venezolanos.* Caracas: Monte Ávila Editores, 1974.

Schama, Simon. *The Embarrassment of Riches: An Interpretation of Dutch Culture in the Golden Age.* Berkeley and Los Angeles: The University of California Press, 1988.

Scott, David. *Conscripts of Modernity: The Tragedy of Colonial Enlightenment.* Durham, N.C.: Duke University Press, 2004.

Scott, James C. *The Moral Economy of the Peasant: Rebellion and Subsistence in Southeast Asia.* New Haven and London: Yale University Press, 1976.

Sommerdyk, Stacey Jean Muriel. "Trade and the Merchant Community of the Loango Coast in the Eighteenth Century." Ph.D. diss.: University of Hull, 2012.

Sperling, John G. *The South Sea Company: An Historical Essay and Bibliographical Finding List.* Cambridge, Mass.: Harvard Graduate School of Business Administration, 1962.

Stanes, Robin. "Devon Agriculture in the Mid-Eighteenth Century: The Evidence of the Milles Enquires." In *The South-West and the Land.* Edited by Michael Ashley Havinden and Celia M. King. Exeter: University of Exeter, 1969.

Thompson, Alvin O. *Flight to Freedom: African Runaways and Maroons in the Americas.* Jamaica, Barbados, Trinidad and Tobago: University of West Indies Press, 2006.

Vandenbroeke, Christiaan. “Le cas flamand: évolution sociale et comportements démographiques aux XVIIe-XIXe siècles.” *Annales* 39:5 (1984): 928.

-----“Proto-industry in Flanders: A Critical Review.” En *European Proto-Industrialization.* Editado por Sheilagh C. Ogilvie y Markus Cerman. New York: Cambridge University Press, 1996.

Van der Wee, Herman and Peter D’Haeseleer. “Proto-Industrialization in South-Eastern Flanders: The Mendels Hypothesis and the Rural Linen Industry in the ‘Land van Aalst’ During the 18th and 19th Centuries.” In *Proto-industrialization: Recent Research and New Perspectives in Memory of Franklin Mendels.* Edited by René Leboutte. Geneva: Droz, 1996.

Van Dillen, J.G. “Effectenkoersen aan de Amsterdamsche beurs, 1723-1794.” *Economisch-Historisch Jaarboek* 17 (1931): 1-46.

Vasina, Jan. *Paths in the Rainforests, Towards a History of Political Tradition in Equatorial Africa.* London: James Currey, 1990.

“Venezuela facts and figures.” OPEC. https://www.opec.org/opec_web/en/about_us/171.htm. Visto en línea el 19 de septiembre del, 2020.

Vološinov, V.N. *Marxism and the Philosophy of Language.* Cambridge, Mass., and London: Harvard University Press, 1973.

Walker, Tamara J. *Exquisite Slaves: Race, Clothing, and Status in Colonial Lima.* New York: Cambridge University Press, 2017.

Wallerstein, Immanuel. *Capitalist Agriculture and the Origins of the European World-Economy in the Sixteenth Century*. New York: Academic Press, 1974.

Wargee of Astrakhan. "The African Travels of Wargee." In *Africa Remembered: Narratives by West Africans from the Era of the Slave Trade*. Edited by Philip D. Curtin. Prospect Heights, Ill.: Waveland Press, 1967.

Wilks, Ivor. *Forests of Gold: Essays on the Akan and the Kingdom of Asante*. Athens: Ohio University Press, 1993.

Yarak, Larry W. *Asante and the Dutch, 1744-1873*. New York: Oxford University Press, 1990.

Youings, Joyce. "The Economic History of Devon, 1300-1700." En *Exeter and its Region*. Editdato por Frank Barlow. Exeter: University of Exeter, 1969.

Zoellner, Tom. *Island on Fire: The Revolt That Ended Slavery in the British Empire*. Cambridge, Mass.: Harvard University Press, 2020.

www.ingramcontent.com/pod-product-compliance
Lightning Source LLC
LaVergne TN
LVHW050532100826
845148LV00002B/529

* 9 7 8 0 7 1 7 8 0 8 8 9 2 *